KB261040

반야심경, 희망을 쏘다

14세 사고뭉치 소년의 가슴을 뻥 뚫어준 마음의 지혜

반야,심경, 희망을 쏘다

이노우에 기도 지음 | 김종철 옮김

대숲바람

*하단의 주는 역자가 독자들의 이해를 돕기 위해 달았다.

여명 속의 《반야심경》

"소란스러운 사내다"라고 곧잘 불렀다.

'허리케인'은 나의 초등학교 때의 별명이었다. 본명인 '겐이치憲
一'를 비꼰 것이다. 허리케인의 풍속은 '강한 태풍' 이상이라고 한다.
나에게 그 정도의 위력이 있었는지에 대해서는 잘은 모르겠으나, 침
착하고 차분하지 못하게 쏘다녔기 때문에 주위에서는 다소 들떠 있
는 존재로 당연히 여겨졌다.

그러했던 소년이 어느 우연한 기회에 '선'의 세계에 빠져, 좌선을
하고 경전을 읽게 되었다니… 어쩜 지나치게 활동적인 자신에게 본
능적으로 브레이크를 건 것인지도 모르겠다.

어떤 우연한 일에 대해서는 나중에 이야기하겠지만, 청소년기에

만나 실천해온 선 수행은 지금도 매일 거르지 않고 있다.

주위의 대부분의 사람이 아직 꿈속인 이른 아침에 일어나자마자 침대 위에 앉아 《반야심경》을 먼저 외우고, 애견과의 산보를 겸해 여명 속에서 좌선을 하는 것이 내 일과이다. 때때로 좌선 중에 《반야심경》을 독송하기도 하는데, 그렇게 하면 기분이 한결 더 좋아진다. 두 마리의 개도 이제는 익숙해져서 그때는 내 주위에 가만히 앉아 있다.

아침 일찍 일어나 경전을 읽고 좌선을 하는 습관은, 청소년기에 체험한 '승당* 생활'이 계기가 되었다. 지금으로부터 30년도 더 되었는데, 당시 10대였던 나는 '자신은 어떻게 해볼 도리가 없는 쓸모 없는 인간'이라고 하는 강한 열등감에 시달리고 있었다. 전혀 자신감이 없는 데다 자신을 잘 알지도 못했다. 그리고 무엇보다도 자신이 하고 싶은 것이 무엇인지 몰랐다. 너무 일찍 '내 인생은 실패야!'라고 생각해버리고, 그런 마음을 해소시켜줄 배출구를 찾지 못해 매일 괴로워하고 불안해했다.

쇼난湘南** 폭주족의 일원이 되어 몹시 난폭하게 굴어보기도 했으나, 무엇을 하더라도 개운한 기분이 들지 않았다. 그래서 중학교 시

---

* 한국의 선원과 같다.
** 도쿄의 관문인 요코하마시가 속한 가나카와현의 남부 해안지방.

절에 알게 된 선을 통해 나 자신을 단련시켜야겠다고 마음을 크게 먹고 교토의 겐닌지建仁寺*라고 하는 선사에서 수행 생활을 시작했다. 그것은 전문 도량에서 수행승, 즉 운수**와 함께 생활하면서 수행하는 선종의 독특한 '승당 생활'이었다.

나는 아예 고등학교를 1년 반 정도 휴학하고 보통 고등학생의 일상과는 전혀 다른 세계에 몸을 내맡겼다. 자나 깨나 좌선을 하고, 경을 읽고, 경내를 청소하거나 풀을 뽑는 일 등을 반복해서 하는…

승당 생활은 생각했던 것 이상으로 가혹했다. "운수와 분재는 괴롭히면 괴롭힐수록 좋다"라고 말할 정도로 수행승은 수면 시간을 줄일 수 있는 데까지 줄여서 아침 일찍부터 저녁 늦게까지 수행에 열중했다. 전문 도량은 어떤 조직보다 상하 관계가 엄격해서, 운수 중에서도 제일 어렸던 나는 가장 일찍 일어나고 가장 늦게 자는 것이 철칙이었다. 그래서 평균 수면 시간은 겨우 한 시간 반에서 두 시간에 불과했다.

바짝 정신을 차리고 하루를 시작하지만, 경을 읽게 되면 도저히 참을 수 없을 정도로 졸음이 쏟아져서 끄덕끄덕 졸 때도 종종 있었

---

* 교토에 있는 사찰. 건인 3년에 건립된 유서 깊은 사찰로 임제종 5산 중 제3에 해당한다.
** 수행을 하는 행각승을 일컫는 말로 행운유수行雲流水라는 사자성어에서 그 의미를 따왔다.

다. 그런가 하면 수행 중에 너무너무 졸려서 운 적도 있었는데 울음
이 멈추지 않아 '이런 제기럴' 하고 몸을 저주하기도 했다. 그러나
선은 확실히 '제기럴'을 상쾌한 기분으로 바꿔주는 힘이 있다.

　이를테면 승당에서는 하루 세끼 식사 전에 반드시 《반야심경》을
외우는데, 이 경에는 '공空'과 '무無'라는 말이 자주 나온다. "색즉시
공色卽是空 공즉시색空卽是色" 또는 "시고是故 공중무색空中無色 무수
상행식無受想行識 무안이비설신의無眼耳鼻舌身意"라고 하는 경우와 같
이, 처음에는 의미를 잘 모르더라도 몇 번이고 반복해서 '공…'
'무…'라는 소리를 내며 외우는 사이에, 이러저러한 잡념이 사라지
고 마음이 맑아져 상쾌해진다. 거기에 더하여 점점 말의 의미를 알게
되면, 한 글자 한 구절 소리내어 말하는 동안 불안, 불만, 괴로움, 노
여움 등 없애버렸으면 하는 온갖 잡념이 정말로 사라져버리는 것을
알게 된다.

　'러너스 하이RUNNER'S HIGH'라고 하는 말이 있듯이, 그 상쾌함은
'《반야심경》 하이'라고 말할 만하다. 이렇게 《반야심경》은 마음의
지우개가 되어준다. 《반야심경》을 읽으면 마음이 상쾌하게 가벼워진
다. 이것은 승당 생활을 할 때 반복적으로 《반야심경》을 독경해보면
서 체득한 것이다.

　여러분은 《반야심경》에 대해 어떤 이미지를 가지고 있는가?

《반야심경》은 수천 개가 넘는 경전 중에서도 최고로 치며, 그 중심 내용도 정말로 주옥 같은 '삶의 지혜'를 고스란히 담고 있다. 유포본은 문자수가 262자에 불과해 가까이하기에 좋아서인지 널리 알려져 있다. 그러나 중심 내용이 무엇이냐고 물으면 사람들은 대부분 이렇게 대답한다. "무엇이 쓰여 있는지 잘 모르겠다", "색즉시공色即是空이라고 하는 정도는 알고 있지만…"

최근에는 《반야심경》에 대한 관심이 상당히 높아져 해설서들이 다양하게 출판되고 있으나, 아직도 많은 일본인의 마음속에 자리잡고 있는 《반야심경》의 이미지는 '향 냄새', '불교 행사에서 독송되는 경전' 정도인 것 같다.

오늘날 일본은 세계에서도 드물게 "무종교의 나라"라고 그려지는 것처럼, 일상에서 경전 자체는 관심 밖에 있는 것 같다. 또 경전의 한자 나열을 보고 이유없이 거북스럽게 느끼는 분도 있는 것 같다. 그것은 무턱대고 싫어한다고 말하는 것과 다름없다. 그런 점이 무척 안타까울 따름이다.

무턱대고 싫어한다면, 직접 해보지 않으면 고칠 수 없다. 색안경을 벗고 보지 않으면 있는 그대로의 모습을 볼 수가 없다. 그래서 이 책에서는 내가 선과 만난 10대 때의 체험을 바탕으로, 《반야심경》이 담고 있는 훌륭한 내용을 되도록 핵심만 뽑아내서 간단하게 전하려고 한다. 반드시 '아! 《반야심경》에 저런 내용이 쓰여 있었던가'라고, 무엇인가 느끼는 계기가 될 것이다.

그 당시의 나에 대해 이야기할 때 선의 체험과 함께 빠지지 않는 것은, 오토바이를 타기도 하고 싸움을 하기도 하면서 난폭하게 돌아다녔던 시간이다. 말하자면 '소동 생활'에 대한 이야기다. 승당 생활과는 상반된 소란스러운 하루하루를 살면서 인생에 대해 여러 가지 의문이 용솟음쳤는데, 《반야심경》에 집약되어 있는 부처님의 지혜가 그 의문을 풀어주었다. 그래서 마음의 무게가 점점 가벼워졌다.

그후 '선병禪病'에 들리게 되고, 노사老師*가 된 지금도 소란스러운 성격은 변하지 않아 내 주변에는 소동이 늘 따라다닌다. 당황해서 물건을 잃어버리거나 넘어져서 뒹구는 일도 종종 있다. 때론 한순간 발끈해서 인간관계에서 갈등을 일으키기도 한다. 나에게는 그런 유감스런 일들이 매일매일 참 많이도 일어난다.

다만 부처님이 가르쳐주신 지혜의 실천으로 잡념들을 되도록 빨리 없어지게 해서 소란스러워도 항상 상쾌한 마음으로 살아갈 수 있도록 마음을 다스리고 있다.

경전을 읽거나 좌선을 하는 것은 마음속에 쌓인 쓸 데 없는 잡념을

---

* 선승의 경칭. 특히 학인의 참선을 지도하는 선사.

한꺼번에 없애주는 정말로 기분 좋은 작업이다. 인간은 누구든지 어수선한 일상생활에서 이런저런 쓸 데 없는 생각을 한다. 하지만 이러한 마음의 교통 지체를 정리하는 데《반야심경》만큼 정화 작용을 잘하는 특효약도 없는 것 같다.

고정관념을 깨고 완전히 다른 각도에서 사물을 보려고 애써보자. 그것은 부처님이 가르쳐주신 지혜의 하나이기도 하다. 어쨌든 이 책을 통해《반야심경》에 대해 느끼는 거북스런 이미지를 깨뜨려보지 않겠는가.

더불어 독자 여러분이 인생에 대해 품고 있는 의문을 풀어보는 기회로 삼았으면 더없이 좋겠다.

| 차 례 |

제2장 승당 생활로

《반야심경》의 '공'과 '무'의 세계를 알다

제3장 인생의 의문에 《반야심경》이 답하다
마음을 가볍게 해주는 262자의 신비한 힘

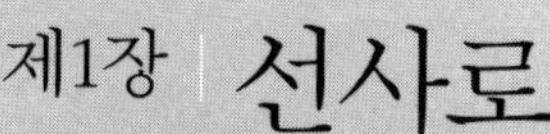

제1장 | 선사로

14세 사고뭉치 소년이 《반야심경》을 만나다

선과의
운명적 만남

가마쿠라鎌倉*의 호코쿠지報國寺. 이곳은 아름다운 대나무 숲 정원이 있어 '죽사竹寺'로 알려진 관광 명소이다. 어느날 불쑥 그 선사를 찾은 것이 나와 선禪의, 그리고 《반야심경》과 최초로 만나는 계기가 되었다.

14세. 중학교 3학년이었던 나는 그 무렵 주눅이 잔뜩 들어 있었다. 나이가 나이인 만큼 마음이 휘몰아치는 사춘기이기도 했으나, 엎친 데 덮친 격으로 중3의 내가 감당하기에는 너무 벅찬 '설마'라고 할 만한 엄청난 일들이 연달아 일어났던 때라 내 마음속은 허리케

---

* 가나카와현 남동부에 위치한 역사 관광 도시. 이곳에서 무인 막부 정치가 시작되었다.

인처럼 몹시 거칠어져 있었다.

'어쩜 나는 아주 이상한 인간인지도 모른다. 이대로 낙오해버려도 괜찮을까? 정말 그렇게 되면 어떡하지?' 이런 생각들이 내 머릿속을 뱅뱅 돌아다녔다. 지금 생각해보면 돌풍이 불어 거칠어진 마음을 표현하고 싶었는지 그때의 내 차림새는 정말로 엉망진창이었다. 숏다리가 돋보이는 진녹색의 슬림한 바지, 에드원제, 간신히 손에 넣은 최신 유행 스타일의 가죽 점퍼, 동경하던 락 그룹인 카롤의 리젠트*를 흉내낸 묘한 뾰족한 머리. 당시의 중3 학생으로서는 최대한 반항적인 패션이긴 했지만, 맵시가 나는 차림새는 아니어서 죽사에서의 내 모습은 특히나 도드라져 보였다.

나는 그 무렵, 겉모습에서 풍기는 대로 나쁜 친구의 꾀임에 넘어가 폭주족의 일원이 되어 있었다. 심부름 따위를 하는 막둥이로, 집회 준비를 하거나 흡입할 신나와 톨루엔을 조달하는 것이 내 역할이었다. 팀명은 '고쿠초國鳥.' 미지마 유키오三島 由紀夫**를 숭배하는 12~3명으로 구성된 작은 팀이었다. 한편 나쁜 친구에게 빌린 슈퍼 커브 오토바이를 무면허로 몰고 돌아다니며, 점점 그것에 병적으로

---

* 앞 머리카락을 높이 위로 빗어 넘기고, 옆 머리카락을 뒤로 빗어 붙인 남자 머리 모양.
** 1925~1970. 소설가이자 극작가로 천황제 옹호론자였다. 1970년 11월 25일 자위대 주둔지에 침입하여 자위대의 결기를 촉구하고 그 자리에서 할복자살했다.

빠져들고 있었다. 그뿐만 아니라 패싸움에도 끼고, 한밤중에는 오토바이를 타고 난폭하게 달리면서 쾌감을 느꼈다. 이렇게 나는 그때 '소동 생활'의 한복판에 있었다.

중학교에는 거의 나가지 않았기 때문에 호코쿠지를 찾은 그날도 한겨울의 평일이었다. 사실은 수일 전에도 이곳에 와서 선사 안으로 들어가보려고 애쓰다가 용기가 통 나지 않아 그냥 돌아가버린 적이 있었다. 그런데 또다시 답답한 마음을 풀려고 가마쿠라의 주변을 헤매고 다니다가 결국은 호코쿠지 앞에 딱 발이 멈췄던 것이다.

아직 '선'의 'ㅅ'자도 모르던 때의 일이었다. 그렇지만 그때의 내 심정은 지푸라기라도 잡고 살려달라고 애원하고 싶었다. 그 무엇으로부터도 구원받지 못하면 기가 죽어 주눅의 바다에 질식해버리고 말 것 같았다.

이번에는 큰 용기를 내서 앞으로 나갔다. 꽁꽁 얼어붙은 듯한 문 앞에서 두려움을 강렬하게 느끼면서도 자석에 이끌리듯이 선사 안으로 쑥 들어섰다. 지금 뒤돌아 생각해보아도 어떤 힘이 끌어당겼던 것만 같다. 우연히 들어간 그곳이 애오라지 선사였다는 이유로 내 인생은 그후 생각지도 않는 방향으로 굴러가기 시작했다.

넓은 경내 한가운데로 들어서자, '일요좌선회'라는 간판이 눈에 띄었다. 처음엔 '좌선회? 흥' 했다. 그러나 마음이 끌려 문 앞에 놓여 있는 《선미禪味》라는 소책자를 훌훌 넘겨보고 있는데 문득 인기척이 느껴져 주위를 둘러보았더니 스님 한 분이 선사의 경내를 청소하고 있었다.

인생에서 운명적인 만남이 몇 번쯤은 있다고 하는데, 이 만남이 바로 그런 것일 게다. 그분은 바로 나를 선의 세계로 이끌어준 스카와라 기도菅原義道 화상이었다. 존재 자체만으로도 대단한 박력이 있었다. 초야의 무사와 같은 모습으로 딱 노려보자, 나는 몸이 잔뜩 움츠려들면서도 '꾸벅' 하고 뾰족한 머리를 숙였다. 그러자 갑자기 호통을 쳤다.

"뭐야, 너는! 썩은 여자 같은 얼굴을 하고."

여성에게 야단맞기에 딱 좋은 그런 말을 나에게 다짜고짜 해대자 나는 깜짝 놀라고 말았다. 겉으로는 당당해보이려고 몹시 애를 쓰고 있었지만, 마음은 정말로 썩어가고 있었기에…

스카와라 기도 화상의 결정적인 말은, "억울하면 대들어봐"였다. 너무 분해서 울분이 치밀어 올랐다. 어떤 것도 좋게 되돌릴 수 없는 자신이 너무나 한심하게 느껴져 견딜 수가 없었다. 되도록 맞서려고 했다. 그러나 화상의 "썩은 여자 같은 얼굴…"이라고 하는 독설이 오히려 내 속에 소용돌이치고 있던 설익은 반발심에 불을 붙여주었다. 그렇게 해서 내 눈앞에 갑자기 선의 길이 열리게 되었다. 그 다음 주부터 곧바로 나는 일요좌선회에 참가했다. 폭주족의 세계와는 전혀 다른 세계를 알게 되었던 것이다.

왜 나는 못난이
사고뭉치가 되었는가?

도대체 어떻게 해서 내가 14세의 못난이 사고뭉치가 되었는지 궁금하지 않는가. 그렇게 되기까지의 경위를 간단하게 더듬어 보면, 주눅들게 된 계기라고 볼 수 있는 '어떤 우발적인 사건'이 있었다. 사실은 호코쿠지를 찾아가기 반년 전쯤에 내게 뜻하지 않는 불행한 사건이 일어났었다. 교통사고로 죽을 지경까지 갔던 것이다. 지금도 그날을 잊지 못한다. 여름 휴가 직전인 7월 13일 오후 1시 34분이었다.

사고로 인한 손상으로 손목시계가 멈춰버렸기 때문에 시각까지 정확하게 기억하고 있다. 당시 나는 신문 배달 아르바이트를 하고 있었다. 석간 배달 전에 친구들의 싸움을 중재해주려고 허둥대다 그만 자전거를 탄 채로 자동차와 꽝 부딪쳤다. 충돌 후 20여 미터를 날아가 쿵 하고 떨어졌는데, 뒤쪽으로 50센티미터만 벗어났더라도 블록 담벼락에 내동댕이쳐져 틀림없이 즉사할 현장 상황이었다. "보통 이 정도면 죽었다"고 경찰도 놀라워할 정도였다. 그래도 운이 좋아서 마침 전날 갈아놓은 땅 위에 떨어졌기 때문에 그나마 기적적으로 살아날 수 있었다는 것이다.

그러나 머리를 부딪치는 바람에 뇌의 전두엽이 손상을 입고 말았다. 구급차에 실려간 두 곳의 병원에서 "우리 병원에서는 치료가 불가능하다"고 거절할 정도로 크게 다쳤던 것이다. 세 번째 병원에서 약 2주간 의식 불명인 채로 생사의 경계를 헤매다가 다행히 의식은 돌아왔으나, 그후 가시밭길이 시작되었다.

머리가 마치 공중분해된 듯했다. 정신이 돌아오자, 내 머릿속은 퍼즐 조각처럼 뿔뿔이 흩어져 있었다. 사고 전의 기억을 아무리 생각해내려고 애를 써도 하얘지면서 그냥 멍할 뿐, 기억의 조각들을 도무지 꿰맞출 수가 없었다. 차라리 사고 전후의 기억이 지리멸렬하게 뒤죽박죽 돼버렸다고 말해야 할 것이다.

"사회복귀는 어려울 것 같습니다." 그것이 주치의의 진단이었다. 양친도 이번엔 체념할 수밖에 없었다. 의식이 돌아온 나는 문병 온 손님에게 내놓은 과자를 잽싸게 먹어버리는 등 엉뚱한 행동을 눈에 띄게 하고, 파자마 차림으로 병원을 탈주하는 소동을 일으키기도 했다.

의사도 간호사도 나를 어떻게 해볼 도리가 없었다. 본래는 2개월 가량을 입원해야 했으나 3주 만에 퇴원이 허락되었다. 정확히 말하면, 허락되었다기보다는 내가 병원이 싫다고 억지를 부려서 나와버린 것이어서 집에서 요양을 시작했지만 머릿속의 의식은 흐린 상태였다.

자신이 자신 같지 않고, 살아 있는지 죽어 있는지도 모르는 느낌. 마치 몽유병자처럼 하루하루를 보냈다. 그외에도 갖가지 후유증이 나를 괴롭혔다. 발을 삔 자리가 아프기도 하고, 신경계통에 충격이 가해진 탓에 평형감각에 지장을 일으켜 걸을 때 몸이 흔들려서 비틀비틀거렸다. 호코쿠지를 방문했던 그날도, 아직 몸의 비틀거림이 고쳐지지 않은 상태라 불안한 걸음걸이로 가마쿠라 주변을 헤매고 있었다.

도대체 나는 어떻게 되는 것일까. 불안감과 더불어 한켠에서는 공부가 점점 늦어지는 데 따른 초조감도 느끼고 있었다. 공부 지연은 당시의 내 가치관으로서는 도저히 용납할 수 없는 대단히 큰일에 해당했다.

그때까지 나는 거의 좌절을 몰랐다. 성적은 초등학교와 중학교를 다니는 내내 줄곧 상위권에 속하는 소위 우등생이었고, 명문이라고

하는 게이오慶應 중학교에도 다니고 있었다. 다소 소란스러운 성격
이긴 해도, 못된 짓을 두드러지게 하지 않았기 때문에 주위 어른들은
나를 "꽤 됨됨이가 괜찮은 아이"라고 평가했다.

그런데 갑자기 일어난 그 사고로 인해 14년간의 인생은 공중분해
되고, 미래의 나는 어딘가로 사라져버렸던 것이다. 부모님의 입장에
서 보면, 사고 전후로 그림의 터치도 글씨도 변한 듯했을 것이다. 하
지만 '허리케인'의 풍속은 사고 후에 더욱더 강화된 듯 주위로부터
점점 더 고립된 존재가 되어갔다. 공부도 생각처럼 되지 않았다.

한심한 자신, 고립되어버린 자신, 잘 알지 못하는 자신… 그런 나
자신의 처지를 생각하지 않으려고 폭주와 나쁜 짓을 되풀이하면서
우등생 코스에서 단숨에 탈락해갔다.

태어나서 처음으로
《반야심경》을 읽다

선에 대한 지식이 거의 없는 채로, 나는 호코쿠지의 일요 좌선회에 참가했다. 스카와라 화상의 "억울하면 대들어봐"라는 말에 자극되어, '그렇다면, 되든 안되든 한번 해보'고 싶은 기분이 강하게 들었던 것이다.

아침 7시에 좌선회가 시작했기 때문에, 나는 아침 일찍 요코하마橫浜*의 집을 나와 쇼난 전차를 타고 호코쿠지에 갔다.

처음 참가했던 날은 그야말로 엉망이었다. 1회 좌선 시간은 30분, 그것을 4회 반복했다. 긴장 속에서 스카와라 화상에게 "잘 부탁합니

---

* 가나카와현 동부에 위치한 현청 소재지로 도쿄만에 자리한 일본 최대의 국제적인 항만 도시이다.

다"라고 의례적인 인사를 하고, 다른 참가자와 함께 본당의 다다미 위에서 좌선을 했다. 그러나 생각처럼 잘되지는 않았다.

선참에게 배운 대로 흉내를 내어 자세를 만들자 말자, 균형이 맞지 않아 자꾸 넘어지려고 해서 몸이 흔들흔들거렸다. 그래서 한쪽 발만 간신히 포개어 앉았다. **"호흡을 조절하여 조용하게 앉는다."** 그리고 **"일상을 잊고 자신을 본다."** 이것이 좌선의 원칙이었으나, 그렇게 할 정도는 아니었다.

'아이구. 뭐야 이건.' 그저 아프다는 생각뿐이었다. 너무 아파서인지 호흡마저 고르지 않았다. 끝까지 버텨서 30분을 채우고 좌선을 끝마쳤을 때는 발의 감각은 없고 찌릿하게 저려왔다. 일어서는 것도 뜻대로 되지 않았다.

선사에서는 참가자 전원에게 죽을 대접했다. 죽 속에는 매실장아찌가 하나 들어 있었다. 보통 때라면 맛없다고 할 그저 그런 죽이었으나, 고통을 참아낸 뒤라 그런지 죽 맛이 그야말로 별미였다. 그후부터 좌선을 끝내고 먹는 죽 속에 매실장아찌가 들어가 있을지 다시마가 들어가 있을지 알아맞히는 재미는 남모를 또 하나의 즐거움이 되었다.

좌선회의 마감은 독경으로 '선종 성전'이라고 하는 선종의 바이블을 펼쳐놓고 함께 읽는 것인데, 그 성전의 하나가 《반야심경》이었다.

대부분의 경전은 중국에서 건너온 그대로 한자로 되어 있기 때문에, 《반야심경》도 맨 처음에는 어려운 글자가 쭉 연이어 씌어 있는 경전 정도의 인상을 받았다.

《반야심경》의 문자수는 사경 용지 1매에 담겨지는 270자에 불과하다. 유포본은 262자로, 단숨에 끝까지 읽어내려가면 2분 30초 정도밖에 걸리지 않는다.(★1) 경 중에서는 짧은 편이라고 하나, 히라가나와 가타가나를 정말로 예측할 수 없기 때문에 우리 일본인에게는 머리에 쏙 들어오지 않는다. 때문에 참가자들 가운데서는 어떻게 보더라도 가장 나이가 어린 중3의 소년에게 '의미를 알 수 없는' 경으로 보였던 것은 말할 나위도 없었다.

그래도 그날 나는 태어나서 처음으로 《반야심경》을 읽었다. 이 경의 맨 처음은, "觀自在菩薩 行深般若波羅密多時"로 소리를 내서 읽으면 "관자재보살 행심반야바라밀다시"가 된다. 다른 참가자들은 모두 알고 있었던 모양으로 당당하게 소리를 냈다. 나중에 안 사실이지만, 경을 그렇게 읽으려면 아랫배에서 소리를 내야 했다. 정말로 주변의 어른들은 등을 곧게 쭉 펴서 정좌를 하고, 아랫배에서 나온 소리가 온몸에 울리도록 "관자재보살―"이라고 독경했다. 아랫배에서 나온 경이 아니라면 진짜가 아니라고 할 만했다.

조용한 본당에 울려퍼지는 목탁 소리와 수십 명의 독경 소리가 어우러진 소리는 굉장히 장엄하고 수승했다.

"… 색즉시공色卽是空 공즉시색空卽是色 … 불생불멸不生不滅 불구부정不垢不淨 …"

색즉시공?

불생불멸?

무엇일까, 그것은 …

《반야심경》의 의미는 대부분 알지 못했지만, 함께 근근이 읽고 있는 동안 몸의 긴장이 풀리고 들떠 있던 마음도 약간 가라앉았다. 딱 잘라 무엇이라고 단정짓기는 곤란하지만 《반야심경》의 구절 하나하나에서 치유의 힘을 느꼈던 것은 분명했다.

"아제 아제"에
필이 꽂히다

처음 좌선회에 참가한 뒤, 나는 곧바로《반야심경》을 통째로 외워봐야겠다고 생각했다. '선종 성전' 모두를 암기하는 것은 무리라 해도, 경전 하나라면 외울 수 있을 것 같았다. 우선 음부터 외우면, 말의 의미도 쉽게 이해할 수 있겠다는 생각이 들었다.《반야심경》의 번역본도 구해놓았으나, 일단 뜻은 그대로 두고 암기부터 했다. 중학생인 내 입장에서 본다면, 영어 단어를 뜻도 모르고 통째로 외우는 식이었다.

휴학 중이었기 때문에 시간은 넉넉했다. 몇 번씩 반복해서 소리내어 읽어보니까 의외로 외우기 쉬운 경이라는 것을 알 수 있었다. 대구 표현이 많아서이다.

예를 들면 "색불이공色不異空" 다음에 "공불이색空不異色"이 이어지고, "색즉시공色卽是空" 다음에 "공즉시색空卽是色"이 이어진다. "불생불멸不生不滅" 다음이 "불구부정不垢不淨"이고, 그 다음이 "부증불감不增不減"이다. 어조가 좋아서 쉽게 외워졌다. 노래를 외우듯이 머리에 쏙 들어왔다. 하루 24시간 내내 읽고 있었기에 사고의 후유증으로 멍해져 있던 머리도 조금씩 깨어나는 느낌이 들었다.

경전을 보지 않고도 《반야심경》을 외울 수 있게 된 것은, 2주 후의 일요좌선회 때였다. 드디어 2주 만에 통째로 외울 수 있게 되었던 것이다. 후유증이 있다고 해도, 14세 소년의 뇌는 역시 흡수력이 있었다. 그래서 처음보다 자신 있게 소리를 낼 수 있었고, 소리를 내서 외울수록 '역시 굉장한 경'이라는 생각이 들었다.

《반야심경》에서도 첫 좌선회에서부터 인상 깊게 와닿은 것은 경을 결말짓는 성스런 말이었다. 그 대목이 되면 지금도 독경 소리가 한층 높아진다. "아제 아제 바라아제 바라승아제 모지사바하."

한번 들으면 잊어버리지 않는 "아제 아제." 이것은 산스크리트어 '가테-'의 음사이지만, 이 "아제 아제"를 외울 땐 항상 노래의 클라이막스처럼 고양된다. 그래서 다 외우고 나면 마음이 상쾌해진다.

이렇게 선의 세계에 조금씩 가까이 다가갔다. 그러나 이것을 계기로 내가 우등생으로 다시 돌아왔다는 뜻은 아니다. 오토바이로 폭주도 계속했다. 그러다 일요좌선회에서 나오면 들떠 있는 마음도 덩달 아 따라왔다.

"변덕스러움은 호기심이 왕성한 증거다."

이것은 입원 중에 이따금씩 읽은 하니스 스무羽仁進* 씨의 〈방임 주의〉의 한 구절이었다. 이 말에 감화된 탓인지 나의 폭주 생활과 소 동 생활은 오히려 점점 더 박차를 가해갔다. 방임주의를 '자유분방' 으로 착각해버렸던 것이다.

자유에서 튄 결과는 어떻게 되었을까? 처참하게도 유급 결정이었 다. 출석 일수가 부족하고 공부가 뒤처져서 고등학교에 진학할 수 없 게 된 것이다. 14세 소년의 몸으로는 도망가고 싶은 현실이었다. 함 께 공부했던 동급생의 진학을 배웅하지 않으면 안 되는 현실. 한밤중 에 이불 속에서 한없이 울었다. 모든 것이 끝났다는 심경이었다.

학교측은 아무래도 나를 그만두게 하려는 심사였는지 유급이 결 정되자 매일 학교에 가는 것을 힘들게 만들어갔다. 결국 그런 상황을 견딜 수 없었던 나는 자발적으로 퇴학계를 내고 내가 살고 있는 지방 의 시립 중학교로 전학을 갔다. 퇴학을 당하는 것보다는 스스로 그만

---

* 1928년생. 영화감독, 평론가. 1964년 베를린영화제특별상을 수상하는 등 국제적으로 일본을 대표하는 영화감독 가운데 한 사람이다. 《아버지가 자식에게 들려주는 역사 이야기》 등의 저서 가 있다.

두는 편이 낫다고 생각했던 것이다.

새 중학교에 나가고 인생에서 두 번째 중3의 1학기가 시작하자, 동급생은 한 살 아래 또래들이었다. 여러분도 알다시피, 초·중학생 때는 한 살 차이가 경우에 따라서는 어른의 다섯 살 차이만큼 벽을 느끼게 한다. 한 살 위에서 1년 아래를 보면 어처구니없게도 개구쟁이로 보이는 반면에, 한 살 아래에서 1년 위를 보면 손이 닿지 않는 위치에 있는 어른으로 보이는 법이다.

내 경우로 말하자면, 교실 안에서 더욱더 붕 떠 있는 존재가 되어 갔다. '튀어나온 말뚝'이라는 말이 있는데 내가 꼭 그런 꼴이었다.

‘왕따’와 ‘1년 유급’에
괴로워하다

편입한 시립 중학교에 다니기 시작하자마자 ‘허리케인’이라고 불렸던 나에게 ‘간겐’이라는 별명이 새롭게 덧붙여졌다. ‘간바레 겐짱’*의 ‘간’이 아니라, ‘칸서Cancer’의 ‘간’이었다. 클래스의 암덩어리였던 것이다.

내가 교실에 들어가면, ‘앗! 암덩어리 겐이 왔네’, ‘그 녀석이야 그 녀석’, ‘재수없어’라고 말하는 것처럼 차가운 시선이 사방에서 콕콕 찔러왔다. 못 본 척 못 들은 척 했지만 불량 그룹의 눈에 띄어 지독한 왕따 세례를 받았다. 6인조에게 엄청 얻어맞았을 뿐만 아니라

---

* 힘내라 겐이치.

학교의 화장실 변기에 얼굴을 처박히기까지 했다. 제기럴.

그러나 왕따도 점점 사라져갔다. 그러고 나자 이번에는 '1년 유급'이 돼버린 현실이 최대의 괴로움으로 다가왔다. 출발점이 같았던 동료들과 1년이나 어긋나버린 현실은 당시의 내게는 죽고 사는 큰 문제였다. 어떻게 해도 패자 의식을 씻을 수 없었다.

프라이드도 공중분해돼버리고, 자꾸 뒤떨어지고 있는 느낌만 들었다. 인생이란 도대체 무엇일까? 차라리 죽어버리는 편이 나을까?

빌딩 옥상에 올라가서, '여기에서 뛰어내리면 한심한 내가 사라져버릴 거야'라고 생각한 적도 있었다. 그런 심정은 부모님에게 이야기할 수도 없었고, 아니 이야기해서도 안 되는 것이었다. 시간은 그렇게 흘러갔다. 부모님에게는 더 이상 괴로움을 안겨드리고 싶지 않았다. 더욱이 창피스러워하고 괴로워하고 있는 나 자신을 부모님이나 동생에게 보이는 것이 끔찍이도 싫었다.

소년다운 프라이드. 왕따로 상처를 입었을 때도 피로 새빨갛게 물든 셔츠를 몰래 없애고, 맞아서 탱탱하게 부은 얼굴도 가족에게 들킬까 봐 얼음덩어리로 재빠르게 처치했다. 순식간에 내향적으로 변해갔다. 그렇지만 다행히도 일요일마다 하는 좌선과 독경이 술렁거리는 마음에 브레이크를 걸어주었다. 그것은 내게 구원이었다.

어느 일요일, 좌선회가 끝나자 스카와라 화상이 "이노우에 군, 이리로 오시오" 하고 불렀다. 첫 대면의 인상은 '재수 없는 아저씨.' 처음에는 화상에게 뭔가 말할 기회가 생기면 '시끄러워'라고 말할 생각이었다. 그러나 반항심은 구심력을 받으면 변하듯이, 몇 주가 지나자 어느 사이엔가 '대단한 아저씨'로 바뀌어 있었다. 중학생이든 아주 나이 많은 어른이든 간에 태도를 바꾸지 않고 한 사람 한 사람을 한결같이 진지하게 대하는 모습이 대단해 보였다.

나중에 알게 된 사실이지만 선의 세계에서는 사람을 깎아내리는 것이 칭찬을 하는 의미였다. 화상이 처음에 "썩은 여자 같은 얼굴"이라고 거칠게 했던 말도, 실은 내게 보내는 칭찬의 메시지였던 것이다. 그런 내막을 깊이 있게 알면 알수록 스카와라 화상에게 강하게 끌렸는데 나를 불러주기까지 하니 한없이 기뻤다.

스카와라 화상의 방에서 말차를 마시면서 둘이서 여러 가지 이야기를 나눴다. 다과자는 가마쿠라의 명물인 '비둘기 샤브레'였다. 또 하나의 디저트는 눈앞에 펼쳐진 아름다운 대나무 숲 정원이었다.

그때 화상이 해준 말은 지금도 잊을 수가 없다.

"공부가 1년 늦었다고 해서 구애받을 필요가 전혀 없다. 1년이 늦든 2년이 늦든 **인간만사人間萬事 새옹지마塞翁之馬다.** 좌선이라도 해서 싹뚝 잘라버리고 다시 하면 해결된다."

이 말은 《회남자》*라고 하는 중국의 옛 책에 기록된 유명한 말로,

인간만사, 즉 '이 세상의 모든 것'은 행복도 불행도 예상할 수 없다고 하는 비유이다. 자신에게 일어난 불행한 일이 행복의 근원이 될지도 모르고, 행복이라고 생각한 일이 불행의 근원이나 재앙의 근원이 될지도 모른다. 그래서 어떤 일에도 구애받지 말라고 하는 뜻이다.

"인간만사-새옹지마-라고요?"

"그래. 괜찮아, 작은 실패 따위에 얽매어 있지 말아라. 쓸모없는 인간이 되지 말아야지. 한순간 한순간 최선을 다해 싸워서 최후에 이기면 모두 괜찮아진다."

가슴이 뻥 뚫리며 시원해졌다.

사고, 뒤처진 공부, 유급, 편입, 왕따… 내겐 최악의 사태라고 여겨졌던 모든 것들이 화상의 말 한마디에 모두 사르르 풀리면서 흐린 하늘이 말끔히 갠 듯한 기분이 들었다.

간겐이 어떻다, 1년 유급이 어떻다…

나는 화상이 말해준 대로 싸워보기로 했다. 시험을 봐서 게이오 고교에 다시 들어가고야 말겠다고 단단히 마음을 먹었다.

---

* 중국 전한의 회남왕 유안이 편찬한 21권의 백과사전으로 제자백가의 사상을 집대성해놓았다.

자기를 죽여라

화상의 말에 힘을 얻은 나는 입학시험을 보기 위해 학원을 다니기 시작하는 한편, 참선도 계속해 나갔다. 지망교의 입시 전형에 맞춘 세 과목의 수험 공부와 선, 그리고 가끔 나쁜 친구의 슈퍼 커브 오토바이로 폭주하는 나날들.

사실 나는 실패하면 죽을 각오로 수험에 임했다. 만약의 경우에는 아버지가 소지하고 있던 단도로 할복자살을 하는 것까지 진지하게 생각하고 있었다. 미지마 유키오의 할복자살에 영향을 받은 측면도 없지 않아 있었다.

"구애받을 필요가 전혀 없다"라고 하는 화상의 말과는 반대로, 나는 두 번 다시 실패해서는 안 된다는 것에 구애받고 있었던 것이다.

이런 내 마음을 스카와라 화상은 모두 꿰뚫어보고 있던 것 같았다. 대나무 숲을 바라보면서 화상과 단둘이서 이야기를 나누던 어느 땐가에는 죽을 각오까지 줄줄이 이야기했던 적도 있다. 내가 진지하게 싸우고 있다는 것을 전하고 싶었던 것이다.

그러자 화상은 초야의 무사와 같은 형상을 싹 풀고 웃기 시작했다. 눈은 마치 '바보 아냐'라고 말하고 있는 듯했다.

그리고 불쑥 이런 말을 해주었다.

"'하지 않으면 안 된다'는 것은 아무것도 없다. 큰 인물은 걸림 없이 사는 법이다. 초조하게 굴 필요 없다."

당시 내게 딱 들어맞는 말이어서 마음에 쿵 하고 울렸다.

"이 어리석은 놈아, 알아듣겠니? 죽으면 세 개의 돌이 남을 뿐이다. 언젠가는 죽으니까 하고 싶은 것을 맘껏 해라. 자기를 죽이고 죽여라. 그렇게 죽여서 시대의 시인이 되어라."

하지 않으면 안 되는 것은 아무것도 없다. 인간이란 존재는 죽으면 오로지 묘비를 남길 뿐이다. 그렇기 때문에 지금 하고 싶은 것이 있으면 목숨 걸고 해야 된다. 자기를 죽여버린다는 각오로 하지 않으면 안 된다.

'자기를 죽인다' 혹은 '죽여버린다'라는 이 강력한 말이 나타내는 것처럼, 선종의 방주坊主*는 '자기를 죽이라'고 자주 말한다. 자기를 죽이고 사는 것이 '인생의 비법'이라고 가르치고 있는 것이다.

그러면 자기를 죽인다고 하는 것은 무엇을 이야기하는 것일까? 물론 진짜로 자신의 육체를 죽인다고 하는 뜻이 아니다. 자기를 죽인다는 것은, 간단하게 말하면 죽는 것, 사는 것, 좋은 것, 나쁜 것 등에 집착하는 마음을 죽이고, 마음을 벌거숭이로 만들라는 의미이다. **집착과 욕망의 옷을 벗어버리고 순수한 마음으로 지금 하고자 하는 일에 전심전력으로 부딪힌다면, 진짜 자신의 모습으로 강렬하게 살아갈 수 있다**는 것이다.

그러니까 자기를 죽이는 치열한 싸움을 통해 이겨내라는 뜻이다. 나도 순수한 마음으로 돌아가 힘껏 부딪혀보기로 했다. 그때까지의 나는 '고등학교에 합격하지 않으면 안 된다', '수험 전쟁에서 이기지 않으면 안 된다'라고 하는 '하지 않으면 안 된다'에 얽매어 있었다. 나를 퇴학시키려고 한 중학교에 대해 갖는 원망이 수험의 원동력이 되기도 해서인지 무엇이든 '이기지 않으면 안 된다'고 생각하고 있었던 것이다.

화상의 말에 따라 그 '하지 않으면 안 된다'는 심리적 속박에서 조금이라도 풀려나니까, '합격의 여부를 떠나 태도를 바꿔서 공부해보

---

* 절의 주지나 일반 승려를 높여부르는 말.

자'는 심경으로 바뀌어갔다. 굳이 '실패하면 죽을 수밖에 없다'고 과장스럽게 생각하지 않더라도, 죽을 때가 되면 죽기 때문에 당장은 눈앞에 닥친 일부터 할 수밖에 없었다.

이렇게 말하고 보니, 그때도 옆에는 화상이 좋아하는 '비둘기 샤브레와 말차'가 있었다. 아련하게 '비둘기 샤브레의 추억'이 떠오른다.

분별하지 않는 지혜

 14세 사고뭉치 소년이 선과의 만남을 통해 크게 바뀐 것은 무엇이었을까? 그것은 열등감에서 벗어나는 지혜를 갖추게 되었다는 것이다. 이상하게 들리겠지만, 《반야심경》에는 정말로 열등감에서 벗어나게 해주는 마음의 지혜가 쓰여져 있다.

《반야심경》은 《반야바라밀다심경》의 약칭으로, 산스크리트어(고대 인도의 문장어)로는 '마음의 지혜'를 의미한다. 유포본에는 반야바라밀다에 '불설마하'라는 수식이 붙어 있다. 여기서 '마하'는 '위대한' 혹은 '큰'이라고 하는 의미를 지닌다. 즉 《반야심경》은 '위대한 마음의 지혜'라고 하는 뜻이다.

그런데 열등감에서 벗어나게 해주는 위대한 마음의 지혜란 어떤

지혜를 말하는 것일까? 원점으로 돌아가 나에게 열등감이라는 의식
이 크게 자리잡았다는 의미는, 사고, 후유증, 유급, 편입이라고 하는
일련의 흐름 속에서 '1년 늦은 지진아'라는 의식이 강하게 되었다는
것을 말한다. 그래서 나 자신을 한심한 인간, 구제 불능 인간이라고
생각해버렸던 것이다.

왜 그렇게 단정해버렸을까? 그것은 분별심 때문이었다. 분별심은
자신의 마음속에 있는 작은 자(결국 세간의 자)로 스스로를 재어서 이
쪽은 좋고 저쪽은 나쁘다라고, 뭐든지 A와 B로 나누어서 생각해버
리는 것을 말한다.

나만 그런 것이 아니고, 인간이라면 누구든지 분별하는 마음을 가
지고 있다. 다른 말로 표현하면 '차별'하는 마음, 비교하는 마음이라
고 할 수 있다.

좋다와 나쁘다, 좋아한다와 싫어한다, 상과 하, 이기는 것과 지는
것, 깨끗하다와 더럽다, 생과 사… 너무나 일상적으로 이루어지는
것들이어서 전혀 의식하지 못하고 있겠지만, 우리는 자신을 둘러싼
세계를 항상 차별하며 살아가고 있는 것이다.

일반적으로 "저 사람은 분별이 있다"는 말은 칭찬하는 뜻으로 사
용된다. 그러나 분별은 성가실 만큼 온갖 괴로움과 미혹을 낳는다.
사람의 괴로움은 모두 분별에서 비롯된다고 말해도 과언이 아니다.

　분별하게 되면, 좋다와 나쁘다를 극과 극에 놓고 보게 되어 '좋다'에 익숙하지 않는 자신은 점점 비참하게 되거나 괴롭게 된다. 내 경우는 학년이 1년 늦은 자신을 나쁜 쪽에 '분별'했기 때문에 커다란 괴로움과 번뇌가 생겨났다.

　나쁜 쪽, 싫은 쪽, 진 쪽에 들어가게 되면, 누구든지 힘들어하고 자신을 한심하게 여긴다. 그렇다면 어떻게 해야 자신을 한심하게 여기지 않을 수 있을까? 그것은 물론 분별하지 않으면 된다.

　자신이 한심하게 보인다는 것은 이쪽에 '한심하지 않는 자신'이 있기 때문이다. 그래서 저쪽의 '한심한 자신'과 이쪽의 '그렇지 않는 자신'을 분리한 벽을 무너뜨려야 한다. 한심한 자신에게 다가가 일체가 되어버리면, 한심한 자신은 자연히 소멸된다.

　원인이 없어져버리면, 결과로서의 괴로움도 미혹도 생기지 않게 마련이다. 이렇게 분별하지 않는 지혜를 주는 것이 《반야심경》이다.

'공空'과 '무無'는
도대체 무엇인가?

《반야심경》은 석가모니 부처님이 제자인 사리자(★2)를 향해 "관자재보살(결국 자비의 마음으로 사람들을 구제하는 관음보살)은 이렇게 해서 깨달았다"라고 하는 내용을 가르치는 구조로 되어 있다. 그것을 위해서 "사리자"라고 하는 부름이 두 번 나온다.

처음에는 그 의미를 알지 못하고 밋밋하게 읽으며 다만 "사-리-자"라고 읽었다. 하지만 '사람의 이름'이라는 사실을 알고 나서는 독경할 때 강약의 타이밍을 잡을 수 있게 되었다. "사리자"라고 불러서는 가르치고, 불러서는 가르친다. '이 세상은 이러한 구조로 되어 있는 것이란다'라고, 제자를 향해 이야기하는 모습을 떠올리면서 읽으면 자연스럽게 독경에도 억양이 나온다.

그렇다면 《반야심경》은 무엇을 가르쳐주려고 하는 경전일까? 한 마디로 말하면 '공空'이다. 부처님의 가르침이 집약된 《반야심경》에는 공이라는 글자가 곳곳에 나오는데, 이 공이야말로 이 경전의 주제인 것이다. 공의 의미를 아주 간단히 말하면 '실체가 없다'는 뜻이다.

그리고 《반야심경》은 '이 세상의 모든 것은 공(무아無我)'이며, **이 세상에 전혀 변하지 않는 존재, 영원불멸의 존재는 어디에도 없다고** 가르친다. 몸, 마음, 물건, 눈에 비친 풍경, 현상 같은 이 모든 것들은 서로 관계하면서 변화한다. 그렇기 때문에 고정된 채 변화하지 않는 실체란 원래 하나도 없는 것이다.

인간이 태어나면 점점 늙어가는 것처럼, 꽃이 피면 시들어가는 것처럼, 모든 것은 시간의 흐름과 함께 생겨났다가 없어지는 변화를 항상 반복하고 있다. 역사의 기록을 통해서도 알 수 있듯이, 번영을 누렸던 국가가 필연적으로 쇠퇴하고, 권력의 정점에 섰던 인물도 누군가에게 그 자리를 물려주는 때가 반드시 온다. 우리들의 감각에서는 절대로 변하지 않는다고 생각하는 것도, 반드시 변한다.

마음을 예로 들어보면, 그 당시 내가 느꼈던 것처럼 '자신은 한심하다'랄까 '나는 안 돼'라고 생각하는 마음에도 사실은 실체가 없는 것이다. 그러나 인간은 이 '실체가 없는 것'에 쉽게 휘둘리고 만다. 그래서 '나는 안 돼'라고 생각하면 침울해지고, '도저히 안 된다'라고 생각하면 더욱더 침울해지고 마는 것이 인간이란 존재다. 반면에 '제법 나는 괜찮지 않나?'라고 생각을 바꾸면 기분이 좋아진다. 이렇게 자기 평가도 날씨가 변하는 것처럼 변한다. 물론 다른 사람에 대한 평가도 변하여, 좋게 되거나 나쁘게 되거나 혹은 좋아하게 되거나 싫어하게 된다.

다시금 마음을 관찰해보면, **어떻게 실체가 없는 마음에 날마다 휘둘려서 일희일비하고 있는가**를 알 수 있다. 《반야심경》의 공이라는 한 글자가 중요하게 가리키고 있는 것도 바로 그런 점이다. 본래 실체가 없는 것이므로 어느 것에도 집착하지 않고 자유로운 마음으로 사는 것, 그것이야말로 괴로움과 미혹을 없애주는 길임을 가르쳐준다. 하루하루 편안하게 살아가기 위한 마음의 지혜를 주는 것이다.

중3이었던 나도 그 의미를 점점 알게 되면서 그동안 사소한 것에 얽매인 자신이 정말로 한심하게 여겨졌다. 그래서 마침내 무언가에 얽매이고 사로잡히는 자신을 바꾸어야겠다고 결심하게 되었다. 열등감에서 벗어나는 지혜가 조금씩 몸에 달라붙게 된 것이다. 사실 얽매일 것도 하지 않으면 안 되는 것도 아무것도 없었다. 마음을 벌거숭이로 만들고 끝까지 싸워서 이겨내면 되는 것이었다.

스카와라 화상이 나에게 해준 생생한 삶의 지침들은 뒤돌아보면 《반야심경》의 지혜 바로 그 자체였던 것이다.

나를 짓누른
열등감

그러나 열등감에서 벗어나는 것은 실제론 말처럼 쉽지가 않았다. 벗어나려고 아무리 애를 써도 불쑥불쑥 열등감덩어리가 나타났다. 왜 그랬을까? 그것은 인간이 매우 집착하는 동물이기 때문이다.

이것과 저것을 나누어서 생각하는 분별심은 인간 특유의 것인 데다, '나는 이렇다'라고 하는 자아까지 있다. 뿐만 아니라 이것도 하고 싶고 저것도 하고 싶은 욕망도 들끓고 있다. 인간은 집착투성이자 번뇌투성이로 생각대로 되지 않으면 괴로워한다든지, 미혹에 빠진다든지, 화를 낸다든지 한다. 설령 그것을 알고 있더라도 자기 중심의 작은 세계 속에서 마음이 흔들리고, 아집을 버릴 수 없는 것이 인간인 것이다.

그 때문에 나도 마음속에 버티고 앉은 열등감덩어리를 거침없이 보기 좋게 버리지 못했다. 잠깐 개운한 기분이 되었다가도 생각이 나면 또 풀이 죽는 것을 반복했다. 설령 그렇다 해도 조금씩 버릴 수만 있다면 흐린 마음은 차츰차츰 맑게 개인다. 열등감, 불안, 한, 노여움 등 마음의 더러움 같은 것들이 고개를 쳐들 때마다 바로바로 없애기만 해도 한결 마음이 상쾌해진다. 더러움을 그대로 담아두면 힘들고 괴로워서 견딜 수 없다.

내가 좌선을 계속해온 이유도 그렇게 반복해서라도 마음의 더러움을 버리기 위해서이다. **경을 읽거나 좌선을 하는 것은 바로 《반야심경》의 지혜를 실천하는 것이다.** 아랫배에서 나오는 소리로 크게 읽는 것만으로도, 마음의 정화 작용이 이루어져 비록 한순간일망정 '분별하는 마음'에서 떠날 수 있다.

사실 우리는 평상시에도 무의식 중에 분별하는 마음으로부터 떠나는 체험을 하고 있다. 그것은 무언가에 열중하고 있을 때이다. 예를 들면 스포츠에 열중하고 있을 때는 시간이 어떻다든지, 그 녀석에게 무조건 이기지 않으면 안 된다라든지 그런 것들을 생각하지 않는다.

무심한 상태, 즉 무언가에 전력투구하고 있을 때는 머리가 텅 비어서 분별을 하지 않게 된다.

선에서 '무無로 된다', '자기를 죽인다'라고 하는 것은, 결국 이와 같이 **무심하게 되어서 여러 가지 집착에서 떠나**는 것을 말한다. 무. 무. 무. 선 수행에서는 일이 있을 때마다 몇 번이고 거듭해서 이 말을 외운다.

《반야심경》에서도 '무'라고 하는 문자가 꽤 나온다. 헤아려보면 모두 21번이다. 이렇게 불교 사상의 핵심을 이루는 공의 가르침을 담고 있는《반야심경》에도 무가 깊이 관계한다.

중요한 것은《반야심경》에서 말하는 무가 '유도 무도 아닌 무'라고 하는 것이다. 결국 유와 무라고 하는 대립을 넘어선 무. 모든 만물은 유도 무도 아닌 무이다라고 하는 것이야말로, 이 세상은 실체가 없는 공이라고 말할 수 있는 것이다.

공과 무에 대해서는 3장에서 자세히 다루겠지만, 하여튼 나는 내 속의 열등감덩어리를 내쫓아야만 했다. 그래서 무가 되기 위해 계속해서 좌선을 했고《반야심경》을 읽었다. 열등감덩어리를 삼키고 분별에서 떠나는 연습을 수없이 했다.

그런데도 일상생활로 돌아오면, 없어졌어야 할 열등감덩어리가 불쑥불쑥 튀어나왔다. '간신히 없앴다'라고 겨우 안심했다가, '또 나왔나!' 하고 당황하기도 하면서 분별하는 세계와 분별하지 않는 무의 세계를 왔다갔다했다.

　집착하는 마음에서 벗어나는 것은 본래 쉽지 않다. 그렇기 때문에 나는 열등감에서 벗어나기 위해 본격적인 수행에 들어가기로 했다.

*1. 번역본에 따라 자수도 여러 가지

한마디로 《반야심경》은 현존하는 번역본만 여러 가지다. 즉 자구도 자수도 여러 가지인 것이다. 그 중에서도 가장 잘 알려져 있는 것은, 《서유기》에 나오는 삼장 법사의 모델이 되었던 현장玄奘 삼장의 번역으로, 우리들이 잘 아는 《반야심경》도 현장의 번역이다. 다만 일반적으로 독경과 사경의 본이 되는 《반야심경》은 '유포본'이라고 불리고, 현장 역과는 조금 자구가 다르다.

타이틀인 경의 제목을 일례로 들어보면, 현장 역은 《반야바라밀다심경》, 유포본은 '불설마하'가 더해져 《불설마하반야바라밀다심경》으로 되어 있다. 또 현장 역은 경의 제목 다음에 '당 삼장 법사 현장 역'이라고 역자의 이름이 쓰여져 있으나, 유포본은 그 부분이 공란이다. 게다가 유포본에서는 "원리일체전도몽상"이라고 되어 있는데 현장 역에서는 "일체"라는 두 자가 없다.* 이렇게 다른 점을 몇몇 군데서 찾아볼 수 있으나, 내용적인 면에서는 전혀 다르지 않다. 이 책에서 소개하고 있는 것은 유포본으로, 총 자수는 '262자'(경의 제목을 제외한 "관자재보살"에서 "모지사바하"까지의 구)이다.

*2. 사리푸트라는 어떤 제자인가?

《반야심경》에서는 "사리자舍利子＝사리푸트라야"라고 부르는 부분이 두 번 나온다. 이 사리푸트라는 석가釋迦의 10대 제자 가운데 한 사람으로 실재했던 인물이다. '10인의 위대한 제자' 가운데서도, 사리푸트라는 두뇌가 명석한 지혜 제일의 수제자였다고 한다. 인도 날란다 근교의 시골에서 태어난 그는 본래 바라문(사제자) 계급 출신의 엘리트였다. 부처님 제자들 중에서도 가장 신분이 높은 양가의 출신에 속했다. 사리푸트라는 석가를 이을 유력한 후계자 후보였으나, 유감스럽게도 병으로 쓰러져서 석가보다도 먼저 열반에 들고 말았다.

《반야심경》에서는 제자를 대표하는 사리푸트라를 불러가면서 부처님의 가르침을 설해나가는 형식을 취하지만, 사리푸트라를 통해 우리들 한 사람 한 사람을 부르고 있는 것임은 두말 할 필요가 없다.

---

* 한국에서 독송되고 있는 《반야심경》에는 '一切'라는 자구가 없다.

제2장

승당 생활로

《반야심경》의 '공'과 '무'의 세계를 알다

쇼난 폭주족과
소동 생활

16세, 1년 늦은 고1의 여름. 나는 폭주족의 서브리더(2번 대장)로 쇼난湘南 주변에서 요란스럽게 소음을 뿌리고 있었다. 당시의 팀 이름은 '쇼난연합광주족!'

중학교 시절 중간에 들어갔던 '고쿠쵸國鳥'가 큰 팀에 흡수되는 바람에 '광주족'으로 이름이 바뀌고 멤버는 60명 정도로 늘어나 있었다. 이미 자동 2륜 대형의 면허도 땄고, 건축 현장에서 아르바이트로 모은 42만 엔으로 마침내 나나한*을 구입했다. 가죽 점퍼에 슬림한 바지를 입고 변함없이 리젠트 머리 스타일로 질주했다.

---

* 750cc 오토바이로 나나는 숫자 7, 한은 반半 즉 50으로 나나한은 750을 의미한다.

투석전, 목도, 각목, 쇠파이프, 화염병… 폭주족끼리의 격렬한 싸움은 일상다반사로, 나의 소동 생활은 이전보다도 더 심해지고 있었다. 호코쿠지 스카와라 화상으로부터 받은 말 "끝까지 싸워서 이겨내라"를 잘 지켜서 지망했던 게이오慶應志木 고등학교에 합격했지만, 마음의 술렁거림은 끝나지 않았던 것이다. 왜 그러는 것인지 나 자신도 잘 몰랐다.

입학시험을 준비하면서도 틈틈이 선사에 나가서 참선을 계속했기 때문에, 열등감과는 관계를 끊은 줄 알았다. 이 세상의 모든 것은 실체가 없는 공이라고 설한 《반야심경》의 가르침도 머리로는 이해한 것 같았다. 그래서 이런저런 잡생각을 끊고 전심전력을 다하여 입학시험 공부를 했지만, 합격하고 보니 도로아미타불이었다. 기분은 여전히 열등감에 젖어 있었던 것이다.

고등학교에 들어가긴 했지만 동급생이 1학년 아래라고 하는 상황은 변함없었기 때문에, 지진아라는 의식에서 벗어나지 못한 점도 있었을 것이다. 게다가 교실에서의 나는 이전처럼 '약간 들떠 있는 녀석'이었다. 사고의 후유증으로도 볼 수 있는데, 내가 내가 아닌 느낌에 아직도 질질 끌려다니고 있었다. 입학시험에서 해방되고 그런 현실에 또다시 직면하니까 마음이 심하게 술렁거리기 시작했던 것이다.

고등학교에 입학하고 나서 1~2개월은 진지하게 잘 다녔다. 그러나 곧 싫증이 났다. '뭐야 모두 도련님이잖아, 이렇게 공부하는 방법은 너무 시시하잖아'라고 어중간한 반골 정신이 머리를 쳐들어, 좋은 아이와 좋은 선생님만 있는 곳에 자신이 있는 것이 무척이나 참기 어려웠다. 명문교의 브랜드에 감싸인 녀석들이 응석받이로 보여 어쩔 도리가 없었다. '나 자신도 이렇게 좋은 아이로 포장한 채, 벨트 콘베이어 위에 올라타서 무난하게 살아가는 것일까.'

한편 교사용 교과서인 '티처스 머티리얼'을 일부러 구해서 '뭐야, 이 학교에서 가르치는 것이 이 정도야?'라고 얕잡아보려고도 했다. 이런 행동도 콤플렉스의 표출이었다. 결국 학교에는 점차 발길이 뜸해지고 아르바이트에 몰두하다가 불현듯 생각나면 심야의 하이웨이를 난폭하게 달렸다.

광주족의 상징인 백합 스티커를 붙인 나나한에 올라타서, 녹색 테일 램프를 깜박이며 신호를 무시하고 달리는 쾌감. 사이드스탠드를 도로에 문질러 비볐을 때 '빠짓빠짓' 하는 불꽃은 볼 때마다 오싹오싹했지만 그래도 가슴을 설레게 했다.

허리케인처럼 이리저리 휘젓고 싸돌아다녔던 것이다. 그러면서도 선의 세계에 강렬하게 끌리고 있었다. 그런가 하면 근사하게 청춘을 누리면서 여자에게도 인기 있는 내가 되기를 바라고 있었다.

당시에 7인의 막장 인생 남자들이 활약하는 '와일드 7'이라는 만화가 텔레비전 드라마로 만들어져 인기를 모으고 있었는데, 나도 그렇게 악동으로라도 멋있게 살아보고 싶은 생각이 굴뚝 같았다.

그렇지만 부모님에게는 폭주족에 가입한 사실을 철저히 비밀에 부쳤다. 부모님 앞에서만큼은 설령 연기를 해서라도 좋은 아이로 보이고 싶었던 것이 진짜 내 마음으로, 그것은 나의 우유부단한 일면이기도 했다.

아버지는 고등학교와 대학에서 미술을 가르치는 교육자였다. 어머니는 우등생으로 졸업한 고학력자로 아이 교육에 꽤 열심이었다. 그런데 그런 부모님의 눈을 어떻게 속일 수 있었을까? 나는 옷과 오토바이 같은 악동의 도구를 모두 나쁜 친구의 집에 놓아두었던 것이다. 나쁜 친구의 집에서 불량 패션으로 갈아입고 나나한에 올라타면, 그 순간만큼은 마치 '와일드 7'의 주인공이 된 양 그 기분을 마음껏 만끽했다.

아무리 달려도 술렁거리는
마음이 멈추지 않다

 고등학교 1학년 여름에는 정말로 폭주를 자주 했다. 1973년은 세계적으로 제1차 오일쇼크로 인해 큰 동요가 일어났던 때로 아주머니들이 슈퍼의 화장지 코너에 우글우글 모여들던 해였다.*

우리들의 집합소는 쇼난의 불량아들이 모이는 전통 해변인 우지도공원辻堂海浜公園이었다. 여기에서 토요일과 일요일마다 집회를 열고, 세력을 모두 모아서는 다이산케이빈第3京浜의 입구에서 출구까지 보란 듯이 폭주를 했다. 적신호를 무시하는 교통 방해. 그리고 종종 벌이는 싸움들. 우리들의 쇼난연합은 천적인 도쿄 폭주족과 연중

---

* 당시 물자 부족이 심해 화장지 같은 생필품을 사기 어려웠기 때문에 슈퍼에 물건이 있다는
정보를 들으면 주부들이 떼지어 몰려들었던 사실을 말한다.

내내 격돌했다. 당시 우리 고장에는 광주족 이외에 스펙터SPECTER, 루트 16 등 여러 팀이 있었는데, 지방 동지끼리의 결속이 매우 단단해서 도쿄팀과 싸움이 있을 때는 목숨을 걸었다.

쇼난을 사수한다!

타도, 도쿄!

쇼난팀과 도쿄팀이 싸우는 현장에는 대부분 목도와 쇠파이프와 화염병이 등장했다. 쇼난팀은 가나카와현 내에 침입하려는 도쿄팀의 진입로를 방해했다. 그래서 길을 놓고 양쪽이 실랑이를 벌이며 옥신각신하다가 결국 난투극이 벌어지는 것이 상례였다.

쇼난 하이웨이는 항상 경찰이 엄한 경계와 단속을 펴서, 화염병이 솟아오르면 그 즉시 경찰이 날아오듯이 달려왔다. 그럼, 경찰의 단속망을 잽싸게 피하며 빠져나가는데 그렇게 달리는 것 또한 큰 쾌감이었다. 신나와 톨루엔을 흡입하고 비틀비틀거리면서 폭주하는 패거리도 여럿 있었다.

어느 땐가는 우리 패거리 가운데 한 명이 공사판에서 가져온 큰 각목을 꽉 쥐고 나타나 놀란 적이 있었다. "너, 뭘 갖고 온 거냐?"고 내가 묻자, 그 동료는 "이 정도면 죽이려고 들면 그것도 가능해"라고 말하면서 기분 나쁘게 웃었다. 이럴 만큼 진지했다는 의미이며, 싸움이 일어나면 누구라도 죽이고 죽는 것을 어느 정도 각오하고 있었다.

사실대로 말하면, 나도 일본도를 숨기고서 싸움에 임한 적이 있었고, 하도 세게 맞아서 쇄골이 부러진 적도 몇 번인가 있었다. 700여 명이 벌인 대난투극은 신문 기사로도 나왔던 시치리가번 사건이다. 에노덴江ノ電 선로의 돌을 던진 것이 발단이 되어 혈기 왕성한 패거리끼리 달빛 속에서 각목과 쇠파이프를 휘두르며 피투성이가 되도록 격렬하게 격투를 벌였다. 반소매 셔츠, 노랑머리, 머리띠, 문신, 특공복, 연이은 세 번의 경적, 굉음… 격투 현장이 꼭 불바다 같았다.

어른들의 눈에는 폭주족이 정신을 못 차리는 어리석은 젊은이들로만 당연히 보일 것이다. 막다른 인생의 무법자인 것이다. 무법자란 어른들이 만든 룰을 벗어난 녀석들이다. 그렇기 때문에 더욱더 그곳은 튀고 싶어하는 불량아들에게는 최고의 스테이지였던 것이다. 그들 모두가 그곳에 모이는 것으로, 자신들의 아귀다운 아이덴티티를 확립하고 싶어했던 것이다.

나라고 하는 사람은 무엇을 하더라도 어딘지 모르게 어중간했다. 그래서 철저하게 불량아가 되지도 못했다. 내 마음 한구석에서는 '폭주하는 것은 지나친 면이 있군' 하고 제동을 거는 내가 있어서 마음의 결정을 쉽게 내리지도 못했다. 폭주하는 것은 쾌감을 동반하기 때문에 내게는 소속과 패거리도 중요했다.

그렇지만 한켠에는 정신을 차린 자신이 자리잡고 있어서 난투가 크게 벌어지면 무리 한가운데서 떨어져나와 방관자가 되기도 했다.

그래서였을까, 아무리 달리고 달려도 마음의 술렁거림은 조금도 가

라앉지 않았다.

선에서
희망을 찾다

매일같이 오토바이 위에서 강한 바람에 몸을 맡기면서도 나는 자문자답을 계속했다. '부모님에게 언제까지 이런 것을 비밀로 하고 있을 것인가. 이래도 괜찮을까?' '엉뚱한 길로 돌아가는 것은 아닐까?' 그런 자문들이 점점 크게 가슴에 와닿아 잠 못 이루는 밤이 계속되었다. 겉으론 버티는 척했지만, 사실은 밤마다 불면증에 시달리고 있었던 것이다.

부모님은 이런 나를 아무 말 없이 지켜보셨다. 부모님에게 나는 사고로 한번 잃을 뻔했던 자식이다. 그래서 부모님은 무엇보다 내가 의식을 되찾고 보통 생활로 돌아와준 것만도 고맙게 여기고 계셨는지도 모르겠다.

그런데도 딱 한 번 아버지에게 크게 혼난 적이 있었다. 오토바이에 올라타 가고 있을 때, 아버지와 길거리에서 우연히 마주쳤던 것이다. 나의 모양새를 훑어본 아버지의 얼굴이 한순간 일그러졌다.

"겐이치, 무엇을 하느냐?"

위험하다! 호통치는 소리를 뒤로 하고 부리나케 나나한으로 폭주했다. 그날은 겁을 잔뜩 집어먹고 집에 돌아갔으나, 의외로 그 이상의 책망은 없었다. 야단도 추궁도 전혀 하지 않았다. 아버지도 본래 예술가 기질의 향락주의자여서 아이들에게 까다롭게 말하는 법이 없었다. 그리고 다행히 나의 사고 후의 변화에 대해서도 낙관적으로 지켜봐주셨다.

어머니는 꽤 마음을 졸이는 듯 해보였으나, 겉으로는 아무렇지 않은 척 했다. 내가 불량아 패거리와 밤마다 싸돌아다니는 낌새를 채고 있는 모양인데도, "어디에서 무엇을 했느냐, 어디에 갔다 왔느냐?"라고 물어보는 일도 일체 없었다.

내가 부모님과의 사이에 차단기를 내려놓고 전혀 대화를 하지 않았기 때문에, 성격 까다로운 나의 기분을 상하게 하지 않으려고 조심하신 것인지도 모르겠다. 이런 어머니에게 못할 짓을 하고 있다고 생각하면서도 나 자신의 상태를 잘 표현할 도리가 없어서 접촉을 일부러 피했다. 그래서 집에 있을 때는 내 방에 틀어박혀 철학서와 명작

등의 책을 닥치는 대로 읽으며 시간을 보냈다.

어머니는 어머니대로, 나는 나대로 고민하고 괴로워하며 하루하루를 힘들게 보냈던 시기이다.

한순간에 지나가버린 듯한 여름의 끝은, 뜻하지 않게도 어처구니없는 모양새가 돼버렸다. 패거리 동료의 죽음. 바로 조금 전까지 내 옆에서 달리고 함께 싸우고 웃었던 동료가, 폭주 중에 마주오는 차와 정면 충돌하여 맥없이 이 세상을 떠나버리고 만 것이다. 설마, 그 녀석이!?

죽은 친구와 함께했던 추억은 지금 그다지 남아 있는 게 없다. 사진 한 장조차도 없다. 당시의 상황을 생각하면, 무엇과도 바꿀 수 없는 소중한 추억인데도 말이다. 그 시간은 어디로 가버린 걸까. 무상. 이 세상은 정말로 무상하다.

색즉시공 色卽是空
공즉시색 空卽是色

세상의 모든 존재는 실체 없이 변화하는 공이고, 공은 모든 존재이다. 변화해가는 생명의 무상, 《반야심경》에서 말하는 공의 무상함을 몸에 배도록 해준 우발적인 사건이었다.

　여름은 그렇게 순식간에 지나고 계절은 바뀌어 가을로 접어들었다. 걷잡을 수 없는 막연한 공허감 속에서, 나는 학교에도 가지 않고 '이래도 괜찮은가'를 계속 자문하고 있었다. 한숨도 자지 못한 채 뜬눈으로 새벽을 맞는 일이 잦아졌다. 그래서 마침내 나 자신에게조차도 의외인 결단을 하기에 이른다.

　'아직 수행이 충분하지 않다. 그렇다면, 본격적으로 선 수행을 해보자.' 다시 선에서 희망을 찾고자 했던 것이다. 마음은 이미 다음 장소로 향하고 있었다. 소동 생활에서 승당 생활로의 돌연한 방향 전환. 나라는 사람은 무척이나 변화무쌍한 남자다.

17세의
운수 탄생

인연이 닿아 내가 교토의 겐닌지라는 전문 도량에 들어갔던 것은 크리스마스 바로 직전이었다.

"겐닌지에 들어가기로 결정했습니다."

부모님은 나의 결단에 크게 놀라거나 기뻐하는 기색을 전혀 보이시지 않았다. 수행 생활을 하게 되면 폭주족 생활을 청산할 수 있으므로 일단은 마음이 놓이셨는지도 모르겠다.

17세가 되어 있던 나는 수개월 동안 돌아오지 않을 각오로 고등학교에 휴학계를 내고, 어째서인지 검도 호구를 챙겨서 교토로 가는 신칸센에 혼자 올라탔다.

지금 생각해보면 열차 속에서는 내내 좁은 우리 안에 들어가기라도 하는 양 표현하기 어려운 압박감에 시달렸던 것 같기도 하다. '수 개월을 휴학하면 또 한 학년이 늦어질 텐데… 자퇴해야 하는 상황도 각오하지 않으면 안 된다. 그렇더라도 이제 와서 돌아갈 수는 없다. 지금이 내 인생의 갈림길이자 운명의 갈림길인가?'

이런저런 생각을 하는 사이에 교토역에 도착했다. 그렇게 해서 나의 스테이지는 시끄러운 밤의 쇼난 하이웨이에서 일본에서 가장 오래된 선사로 변했다.

수행하는 틈틈이 검도 연습을 할 생각으로 챙겨왔던 검도 호구는 무용지물이 돼버렸다. 내가 전문 도량에서의 생활을 너무 쉽게 생각한 탓이다. 솔직히 너무 쉽게 생각했다. 수행 생활은 생각했던 것 이상으로 엄격했다. 자유 시간은 엄두조차 낼 수 없었다. 그렇지만 결과적으로는 수개월 예정을 대폭 연장하여, 그후 1년 이상 겐닌지에 머무르게 되었다.

전문 도량에서는 바로 신참자가 수행승이 되는 의식이 거행되었다. 리젠트 스타일이었던 장발은 아차 하는 사이에 깎여 폭주족 시절의 얼굴 모습은 보이지 않았다. 여기까지 온 이상 되돌아간다는 건 말도 되지 않았다. 겉으론 담담한 척 했으나 마음은 여전히 흔들리고 있었다. '제기럴. 그러나 내가 결정한 거잖아. 그럼, 할 수밖에 없다.'

자신에게 몇 번이나 타일러가면서 평정을 유지하려고 무지 애를 썼던 것 같다.

머리를 깎고, 회색의 작업복과 고시마키*와 훈도시**를 받아서 입으니, 내 모습은 어느 모로 보나 영락없는 운수였다. 마음속에서는 끊임없이 동요가 일어나면서도, '아니, 제법 어울리지 않나'라고 생각했다.

'운수'란 선종(★1)의 수행승을 이르는 말이다. **행운유수行雲流水와 같이 가는 곳을 정하지 않고 편력하는 수행승**이라는 의미에서 이렇게 부르게 되었다.

선종에서는 선승이 되려면 전문 도량, 즉 승당에서 집단 생활을 하는 것이 원칙으로 되어 있다. 그렇기 때문에 사찰의 주지가 되려고 하는 사람은 반드시 운수로서의 수행을 경험해야 하는 것이 철칙이다.

내가 겐닌지의 승당에 들어간 무렵에도 나 이외에 20여 명의 운수가 공동 생활을 하고 있었다. 당시 다케다에키쥬竹田益州 노사는 인덕과 학식이 훌륭해서 전국에서 수많은 수행자가 모여들었다.

운수의 면면을 보면 연령 폭이 꽤 넓었다. 대학생과 대학을 갓 졸업한 정도로 보이는 사람, 아버지 뻘쯤 되어보이는 나이가 많은 사

---

* 여자들의 속치마처럼 허리에 감는 천.
** 남성의 음부를 가리기 위한 좁고 긴 천.

람, 조금 특별한 사정이 있어 보이는 사람 등등… 어쨌든 대부분의 운수가 목표하는 바는 사찰의 주지이다.

승당은 연령과 학력이 전혀 고려되지 않는 세계로, 수행 기간의 길고 짧음에 따라 서열이 정해진다. 하루라도 일찍 수행 생활을 시작한 사람이 선배가 되고, 후배는 선배의 지시에 절대 복종해야 한다. 물론 나는 최연소이었지만, 내 뒤에 들어온 운수가 대학생이든 나이가 매우 많든 사장이든 간에 무조건 후배가 된다는 뜻이다.

일정 기간의 수행을 마치면, 운수는 말단末單, 중단中單, 고단高單이라고 불려지고, 10년 20년 수행을 정진한 고참은 평석評席이라 불리는 중역이 된다. 만약 나와 같은 새내기가 느슨해지면 새내기 바로 위에 있는 중단이 고단에게 꾸중을 듣고, 중단이 느슨해지면 고단이 평석에게 꾸중을 듣는 식으로 관계가 맺어 있다. 승당 생활은 어떤 곳보다도 상하관계가 엄격하다. 긴장의 끈을 팽팽하게 끌어당기고 있지 않으면 안 된다.

'부탁합니다!'로
시작한 승당 생활

상하관계에서도 알 수 있듯이, 승당 생활은 모든 것이 엄격한 규칙에 따라 진행된다. 젓가락질부터 나막신 벗는 법, 그리고 용변과 세면에 이르기까지 자질구레한 규칙과 작법*이 정해져 있어 세속 생활의 눈으로 보면 정말로 예사스러워 보이지 않는다. 이야기 순서가 좀 바뀌었지만, 그 예사롭지 않은 승당 생활은 엄격한 입학 시험으로 시작된다. 그 모습을 조금만 전하고자 한다.

괘석掛錫**이란 도량에 들어가는 것이지만, 여기서부터가 곧 입학

---

* 지켜야 할 규칙이나 규범. 또 불교 의식에서 추는 춤을 이른다.
** 행각 중인 승려가 승당에 적을 두고 수행하는 것.

시험이다. 첫날 도량에 도착하면, 먼저 현관 입구에서 "부탁합니다"
라고 온 뜻을 밝힌다. "부탁합니다"는 "지금 도량에 들어가는 것을
청원합니다"라고 말하는 것과 같은 의미를 지닌다. 간단히 말하면 방
문처에서 "실례합니다"라고 말하는 것과 똑같다.

그렇긴 해도 이곳은 미지의 세계인 승당이다. 익숙지 않은 입장에
서는 아무도 없는 현관 입구에서 말을 꺼내는 것부터가 극도로 긴장
되겠지만 여기서 주저하면 아무것도 시작할 수 없다. 꿈속에서 소리
치듯이 "부탁합니다!"라고 말하면, "당례堂禮"라는 정중한 응답이
온다. 그런 후에 손님을 맞이하는 스님의 안내로 현관 옆에 있는 다
다미 4개 반 정도의 방에 안내되어 '투숙', 즉 숙박을 허락받는다. 숙
박하는 작은 방은 '단과료旦過寮'*라 불리는데, 여기서 '약석藥石'이
라고 불리는 저녁을 먹을 수가 있다. 그러나 이쯤에서 절대 안심해서
는 안 된다. 문제는 오히려 그 이후다. 숙박이 허락되었다 해도, 생
각지도 않는 시련이 기다리고 있다.

다음날 아침, 느닷없이 "어디에서 온 말 뼈다귀야. 냉큼 나와"라
고 크게 욕하는 소리를 들으며 목덜미가 잡힌 채로 선배에게 끌려나
오는 것이다. 도망갈 수도 없다. 현관 옆을 돌아다니면서 나갔다 들

---

* 행각승이 하룻밤 숙박을 하는 곳.

어왔다를 반복해야만 한다.

이렇게 **거절에서 시작하는 것도 선 수행의 특징이다.** 끌려나와서는 안으로 들어가고, 또 끌려나와서는 쭈뼛쭈뼛하면서 안으로 들어갈 때의 부끄러움과 괴로움과 불안은 이루 말할 수 없다. '결국, 황당한 곳에 와버렸구나… 그러나 이것도 수행이지…' 모든 것이 수행. 자기를 죽여서 무로 되는 수행. 지금까지 몸에 밴 것들을 버리게 해서 무심을 체득하게 함으로써 자신의 본질을 보게끔 하기 위한 수행인 것이다.

시작부터 부끄럽게 만들고 괴롭히는 이유도 마음을 벌거숭이로 만들기 위해서이다. 입문을 하려는 운수는 모두 마음의 옷을 겹겹이 입고 오기 때문에, 그런 옷을 효과적으로 벗기기 위해 그렇게 하는 것이다. 나도 17년치를 짊어지고 입문했던 것이다.

다음 제2의 관문은 '단과결旦過詰'이다. 이것은 말하자면 '독방 유폐 시험'이다. 독방에서 기둥과 마주한 채 오로지 면벽 좌선만 5일간 계속한다. 밖으로 나올 수 있는 시간은 식사 시간뿐이다. 식사가 끝나면 곧바로 되돌려 보내져서 그 이후는 줄곧 앉아 있어야만 한다. 다리의 통증이 한계에 달해도, 어딘가에서 꼭 감시하고 있는 것 같아 자세를 흩뜨리지 못한다. 고독, 아픔, 불안. 이 관문은 너무너무 힘들어서, 첫날부터 눈물을 줄줄 흘렸다. 이 눈물의 입학 시험을 패스

하면 간신히 입문식에 해당하는 '참당參堂'의 날을 맞을 수 있다.

입문식의 식장으로 쓰이는 선당은 한 면에 납작한 기와를 깔아놓았고, 양쪽의 한 단 높은 곳에는 선배들이 줄지어 앉아 있었다. 앞으로 생활을 같이할 운수들과의 첫 대면이었다. 그렇지만 극도로 감정이 고양되어 긴장된 상태라 사람 얼굴을 하나하나 여유롭게 볼 엄두가 나지 않았다.

나는 시자(큰 스님을 모시면서 자질구레한 일을 하는 제자)의 안내로 백족대白足袋*와 가사를 몸에 걸치고, 정면의 주자廚子에 모셔진 문수보살님께 선향을 바쳤다. 3배를 올리며 수행을 무사히 마치게 해주십사 빌고 나서 몇 가지 의식을 더 치르고 내 자리에 앉으려고 하는 순간, 시자의 큰소리가 선당에 울려퍼졌다.

"신도新到, 참당參堂!"

이것을 신호로 그때까지 미동도 하지 않고 앉아 있던 선배들이 일제히 머리를 조아렸다. '이런 곳이 승당인가. 대단하군.' 다행히 입문식은 이 정도로 간단하게 끝났다. '에, 이것뿐이야?'라고 느낄 정도였다.

나의 경력 소개는 물론 선배의 환영 인사말조차 일체 없이, 진짜로 검소하고 간단했다. 이렇게 해서 생활 모든 것이 수행인 승당 생

---

* 일본식 버선.

활에 발을 들여놓았다.

나의 수행 명은 '쇼넨省念'으로 정해졌다. 그래서 모두들 나를 '넨씨'라고 불렀다. 글자의 뜻대로 '생각을 살핀다', 즉 자신이 해왔던 것을 몇 번이라도 생각하고 반성하라는 의미가 담긴 이름이었다. 선배는 나에게 "하루 세 번은 반성하세요"라고 말했다. 이름을 지어준 분은, 당시 스님의 최고봉이었던 시노하라 소유篠原宗祐 스님이다.

시노하라 소유 스님이 나의 얼굴을 본 순간 해준 말이 있었다.

"너, 대물 얼굴이로다. 지금부터 긴장되겠지만, 긴장을 풀어라."

대물 얼굴. 그렇게 불리니 갑자기 해보고 싶은 의욕이 생겼다. 실은 나도 아주 마음에 없지는 않았던 것이다. '좋아, 어떻게든 되겠지…'

사람의 마음은 단 한마디 말에 놀랄 정도로 바뀐다. 그후 엄격한 승당 생활이 버거워 도망치고 싶다는 생각이 들 때도, 그 말은 큰 버팀목이 되어주었다. 사람의 마음은 데굴데굴 구르는 공처럼 정말로 움직이기 쉬운 것이다.

몸으로 깨닫기

입문식 다음날부터는 자나깨나 좌선, 좌선, 좌선… 자나깨나 독경, 독경, 그리고 《반야심경》… 자나깨나 노동, 노동, 노동…

승당 생활의 모든 것은 자기를 죽여서 《반야심경》이 가르치고 설명하는 '마음의 지혜'를 몸으로 깨닫기 위한 수행이다. 실제 훈련이라고도 할 수 있다.

내가 배운 임제종을 비롯한 **선종의 수행 특징은 '체험을 통해 배운다'고 하는 것이다.** 생활의 모든 것을 '몸으로 깨닫기' 위한 수단인 것이다. 그래서 승당에서는 일부러 엄격한 생활 속에서 몸을 막다른 곳까지 몰아넣는다. 몸은 체험해보지 않으면 알지 못하며, 알려고도 하지 않는다. 머리로 아는 것만으로는 좌선하는 방법을 습득할 수 없고, 《반야심경》도 눈으로 글자를 따라가기만 해서는 머리를 그냥 통과해버린다.

그래서 우선은 실천을 해봐야 한다. 몇 번이라도 해보는 것, 몇 번이라도 소리내어 읽어보는 것이 중요하다. **반복하는 동안에 머리로 이해한 것을 몸이 이해하고 나면 내면의 변화가 일어나기 시작한다.**

결국 딱딱하게 굳어 있던 기성 개념이라고 하는 마음의 껍데기가 허물어지고, 괴로움과 미혹에서 벗어날 수 있게 된다는 것이다.

원리일체전도몽상 遠離一切顚倒夢想

구경열반 究竟涅槃

모든 분별과 재기에서 멀리 떠나 평안에 안주하고 있다.

이 《반야심경》의 구절처럼 운수들은 모든 집착과 분별에서 떠나 평안하게 살기 위해 몸을 통해 여러 가지 수행에 힘을 쏟고 있는 것이다.

모든 집착과 분별에서 떠나는 것이 나에게 가능했는지 어떤지에 대해서는 뒤에 다시 이야기하겠지만, 우선은 운수 시절의 나(쇼넨)의 하루를 간단하게 회고해보려고 한다.

운수와 분재는
괴롭히면 괴롭힐수록 좋다

승당에서의 수행은 반년이 한 단위로, 크게 전기 2~7월(우안거)과 후기 8~1월(설안거)로 나눈다.* 기상 시간은 전기가 3시, 후기가 3시 30분으로 정해져 있다. 일정 면에서도 전기와 후기가 조금씩 다르고, 운수 한 사람 한 사람의 역할도 시기마다 조금씩 바뀐다. 여기에서는 전기의 평균적인 하루를 소개하고자 한다.

기상

나는 아침 기상을 책임진 '전사殿司'라고 하는 소임을 맡았기 때문

---

* 안거는 인도에서 유래한 불교의 수행 방식이다. 한국에서는 하안거와 동안거로 나누는데 하안거는 5~8월, 동안거는 11~2월의 6개월을 각 선원에 모여 집중적으로 수행을 한다.

에, 운수들을 모두 깨우기 위해 매일 오전 2시 30분에 기상했다. 다른 운수들보다 30분 일찍 일어났던 것이다.

길고 긴 하루를 시작했다. 먼저 잠자리에서 일어나자마자 안약을 넣고 몇 번 눈을 깜박여서 억지로 뜨면 세면과 화장실(승당에서 부르는 이름은 '동사東司') 등의 볼일을 재빠르게 끝냈다.

오전 3시가 되면 '개정開靜' 하고 소리침과 동시에 영종鈴鐘을 흔들면서 어둑어둑한 회랑을 달리며 각 방에서 잠자고 있는 운수들을 억지로 깨웠다. 워낙 빠른 속도로 달음박질하기 때문에 할 일을 끝내고 나면 숨이 꽤나 차올랐다.

일제히 벌떡 일어난 운수들은 15분 안에 세면과 용변 및 옷 갈아입기를 서둘러 끝마치고 어둠이 깔린 선당에서 첫 번째 새벽 좌선을 시작했다.

아침 독경과 좌선

4시부터는 새벽의 근행勤行*을 하는 '조과朝課' 시간이다. 본당에 다같이 모여앉아 소리를 모아 45분에서 1시간 정도 독경을 한다. 팽팽한 긴장감이 감도는 가운데 수십 명의 독경 소리가 어우러져 어둑

---

* 불전에서의 독경이나 회향.

어둑한 본당에 울려퍼진다. 그 모양새는 가히 압권이다.

조과가 끝나면 곧바로 선당에 돌아와 좌선을 한다. 1회의 좌선 시간은 선향의 불이 꺼지는 약 40분쯤 된다. 좌선은 2회 정도 반복하는데 그 중간에 또 하나의 중요한 과정인 '선문답'이 있다. 땡땡 하고 환종喚鐘*이 울리면, '지금부터 선문답(입실 참선)을 시작합니다'라는 신호이다.

승당에서는 이처럼 모든 순서를 요령과 박자목, 그리고 종 따위 등으로 소리를 내어 신호를 한다. 소리내는 것의 신호에 따라 아무 말 없이 따따닥 하고 규칙에 맞게 행동하는 집단 생활은 가히 하나의 예술품이라 할 만하다. 운수들이 긴 복도를 따라 본당으로 건너가는 모습은 흡사 가을 하늘을 시원하고 씩씩하게 지나가는 한 줄의 기러기 떼처럼 보인다.

선문답

종이 두 번 울리면, 운수들은 노사의 방에 도착하여 한 사람씩 방 안으로 들어가 선문답을 한다. 이것은 일종의 시험으로, 운수를 깨달음으로 인도하기 위해 노사가 시험 문제인 '공안'을 주고, 제자인

---

* 법회 때 사용하기 위해 불당에 매달아놓은 작은 종.

운수가 그것에 답하는 형식을 취한다.

선문답 시간은 하루에 보통 아침과 저녁에 한 번씩 갖는데, 때론 하루에 5~6회 정도 갖기도 한다. 하나의 공안을 간단하게 통과하는 경우가 없기 때문에 운수들은 몇 번씩 계속해서 같은 물음과 씨름하게 된다. 좌선을 하거나 청소 따위의 작무*를 하면서, 자신을 막다른 곳까지 몰아넣어 답을 찾는 것이다.

아침 식사

운수들이 모두 공안을 끝내면, 6시경부터 '죽좌粥座' 즉 아침을 식당에서 먹는다. 승당의 하루가 이제 막 시작됐을 뿐이다. 식사 시간과 《반야심경》은 늘 함께하는데 아침, 점심, 저녁 식사 시간 전에 반드시 《반야심경》을 외운다. 아침 식사 후에는 차 한잔 하는 시간으로, 차를 한 주전자 가득 끓여놓고 마시는 '다례茶禮'라고 하는 의식이 있고, 그 이후에는 선사 경내와 실내를 청소한다.

작무

청소할 때 내 소임은 아랫사람답게 쓰레기를 모으는 것이었다. 선

---

* 한국 사찰의 운력에 해당함.

배가 쓸어놓은 쓰레기를 모아서 쓰레기 자루에 집어넣는 일인데 꽤나 중노동이었다.

청소가 끝난 뒤에는 그밖의 '작무'와 그날그날의 행사에 참여한다. 그날그날의 행사는 매일 바뀌지만, 예를 들면 1, 3, 6, 8의 날은 '탁발', 5, 7, 10의 날은 조사의 어록 강의를 하는 '제창提唱' 등으로 정해져 있다.

탁발하는 날은 아침에 밖으로 나가 2~3시간 정도 돌아다니다가 11시경이 되면 탁발을 중지하고 선사로 돌아온다. 그날 각자가 받아온 시주물은 모두 회계계에 제출하고 명세를 대장에 기록한다. 그후 11시 15분경부터는 점심 시간이다.

오후의 수행

점심부터 1시경까지는 기본적으로 쉬는 시간이다. 하지만 대부분의 운수는 식사가 끝나면 곧바로 행동을 개시한다. 각자 막간을 이용해 풀 뽑기 등의 일을 하는 것이다.

오후도 계획에 따라 여러 가지 작무를 소화한다. 걸레질, 김매기, 나뭇가지 치기, 땔감 모으기 등 산더미 같은 일들을 하면서 운수 모두가 묵묵히 노동의 땀을 흘린다. 또 취사 담당, 불전 담당, 큰스님 시중 담당, 접객 담당, 회계 담당, 목욕물 데우는 담당, 잡무 담당 등

각자 맡은 소임에도 온힘을 다한다.

저녁에도 저녁 일과가 기다리고 있는데 아침 일과와 똑같이 1시간 가량 독경 시간을 갖고 나서 두 번째 공안 시간을 갖는다. 저녁 식사는 5시 반경부터 시작하며, 끝나고 나면 또다시 좌선 시간을 갖는다.

밤의 간식

간신히 한숨 돌리는 것은 밤 8시경부터 시작하는 '요츠카四ッ菓'* 라고 하는 휴식 시간이다. 차와 과자(만주와 카스테라 등)를 먹으면서 운수들끼리 담소를 나누는 유일하게 느긋한 시간이다. 겨우 8~10분밖에 되지 않는데도 그 시간은 매우 즐거웠다. 공복감을 채울 수 있어서도 좋았지만 그보다는 자유롭게 이야기를 나눌 수 있는 시간이었기 때문이다.

"넨 씨, 고등학생 때 정말 잘 왔네."

"진심으로, 정말 잘 왔다는 생각이 든다. 고등학생 때 했던 편이 더 낫지 않았을까 싶네."

"젊으니까 열심히 하게."

이때만은 동하同夏(같은 시기에 입문한 운수)와 선배들도 나에게 말을

---

* 커피 브레이크처럼 잠깐 갖는 휴식.

걸어주었다. 특히 아버지 뻘 연배의 나이 차이가 많이 나는 다케타武
田 씨라는 선배와는 마음이 잘 맞았는데, 이름이 가이안海安 씨여서
'안 씨', '넨 씨'라 서로 부르며 여러 가지 이야기를 나누었다.

취침과 밤의 좌선

소등(개침開枕) 시간은 9시 30분(여름인 우안거 때는 9시)이다. 개정에
서 시작한 힘든 일과가 간신히 끝났지만, 운수들에게는 아직도 할 일
이 남아 있다. 그래서 운수의 싸움은 힘겹게 계속 이어진다. 그것은
'야좌夜座'로, 요컨대 한밤중의 좌선이다. 맹렬한 구도심에 불타는 운
수는 불을 끈 후에도 이불에서 빠져나와 좌선을 계속한다.

하단*인 나는 일어나는 것도 잠자는 것도 맨 마지막이었기 때문
에, 평균적인 취침 시각은 1시경이었다. 선배에게 이리저리 불려다
니다가 하루가 끝나고 이불 속에 들어갈 쯤엔 몸은 이미 녹초가 되어
있었다. 단숨에 깊은 잠 속으로 곯아떨어졌는데 그 순간만이 당시의
나에게는 최대 기쁨이었다. 하루하루 매우 힘들게 보냈기에 기쁨도
그만큼 더 컸던 것 같다. 승당에 들어오기 전, 불면증에 시달리며 고
민했던 것이 거짓말만 같았다.

———

* 한국의 선방에서는 하판이라고 한다.

어쩜 여기에서 소개한 것은 비교적 느슨한 일정이라고 말할 수도 있
겠다. 학교와 학원에 집중 강의가 있듯이, 승당에서도 집중적으로 좌
선을 하는 기간이 있다. 그런 경우 보통은 하루 15~16시간 정도 앉
아 있는데, 최고 길게는 20시간 정도 앉아 있는 날도 있다. "운수와
분재는 괴롭히면 괴롭힐수록 좋다"라고 하는 속담은 정말로 적절한
표현이다.

조견오온개공 照見五蘊皆空

도일체고액 度一切苦厄

《반야심경》에서는 "(관세음보살이 수행중에) 세상의 모든 존재는 실
체가 없는 공이라고 깨달아 일체의 고통에서 해방되었다"고 하고 있
다. 우리가 부지런히 수행하는 것은 몸으로 공을 알아 괴로움과 집착
에서 떠나기 위해서이다.

마음의 응어리를
풀어준 육체노동

승당 생활을 뒤돌아보면, '정靜'과 '동動'의 시간이 항상 교차했다. 잠잘 때를 빼고는 대부분 꼼짝 않고 앉아 있든지, 경을 읽고 있든지, 노동을 하고 있든지, 무엇인가를 하고 있었다.

좌선이 '정의 수행'이라면, 일상적인 작무는 모두 '동의 수행'이다. 일상적인 작무는 좌선의 동적 표현이라고 말할 수 있다. 승당 생활은 보통 '정'의 이미지가 지배적일 것이라고 생각하지만, 실제론 '동'의 시간도 많다.

"하루 일하지 않으면, 하루 먹지 말라!"

이것은 중국 당나라 때의 선승인 백장百丈 선사의 유명한 말로 선 수행의 철칙이다. 그 정도로 작무, 즉 육체노동을 중요시한다. 물론 선당에서 꼼짝 않고 앉아 있는 시간도 중요하다. 하지만 '몸으로 깨닫는다'고 하는 것은 진이 빠질 만큼 몸을 충분히 움직이는 노동도 포함되어 있다.

어쨌든 정의 수행과 동의 수행은 어느 것을 하든 간에 고통이 따른다. 그 고통을 지그시 참는 것이 정의 수행이고, 여기저기 돌아다니면서 육체를 끝까지 혹사하는 것이 동의 수행이다.

"동중의 공부는 정중의 공부보다 백천억 배 낫다"고 말하는데, 여기서 '공부'란 수행에 힘쓰는 것을 의미한다. 즉 몸을 고되게 움직여서 하는 수행이 좌선 이상으로 얻는 것이 많다는 뜻이다. 실제로 몸을 움직여서 작무를 해보면, 그 의미를 알 수 있다.

예를 들면 청소는 눈에 보이는 더러움을 없애는 작업이다. 그러나 아무리 청소를 해도 곧 더러워지기 마련이므로 매일매일 신경써서 깨끗하게 닦아낸다. 그래서 승당은 먼지 한 톨 날리지 않는다.

특히나 더러워질까 봐 전전긍긍했던 곳은 동사東司(화장실)였다. 당시엔 승당 화장실이 재래식이었던지라 처음에 청소를 할 때는 꽤나 꺼려졌다. 그래서 솔직히 '화장실 청소만은 싫은데 담당이 되지 않으면 좋겠다'라고 생각했다. 그러나 곧 나에게도 차례가 돌아왔다. 할 수밖에 없었다.

"넨 씨, 걸레를 사용할 때는 허리를 많이 써라."

"작은 오물은 손톱을 사용하면 좋다."

선배로부터 청소법 하나하나까지 배우면서 직접 해보니까 정말로 어떤 발견이 있었다. 많이 더러워진 곳일수록 청소를 하고 나면 기분이 한결 더 상쾌했다. **육체노동으로 몸의 응어리를 풀 수 있다면, 마음의 응어리도 풀 수 있는 것이다.** 그동안 머리로만 이해되었던 것들이 몸으로도 이해가 되었다. 아니나 다를까 불가사의하게도 화장실 청소를 몇 번 반복했더니 전혀 '더럽다' 혹은 '깨끗하다' 하는 분별 없이 오직 마음을 한곳에 모아 청소라고 하는 노동에 집중할 수 있었다.

불생불멸 不生不滅

불구부정 不垢不淨

부증불감 不增不減

(모든 존재는 공하기 때문에) 태어나지도 멸하지도 않는다. 더럽지도 깨끗하지도 않다. 늘지도 줄지도 않는다.

이와 같이 《반야심경》에서는 모든 존재를 부정하며, 실체가 없는 공이라고 설명한다. 그렇다. 더러움도 깨끗함도 본래는 '없다.'

우리들 인간이 '더럽다' 혹은 '깨끗하다' 하고 분별하고 그것을 말로 구분짓기 때문에 본래 없는 것이 있는 것처럼 보일 뿐이다.

그 증거로 다른 동물에게는 '더럽다' 혹은 '깨끗하다' 하는 표현법
이 없는 것을 들 수 있다. 따라서 '더럽다' 혹은 '깨끗하다' 하고 느끼
는 일도 없을 것이다.

수행을 통해서 이전처럼 '더럽다' 혹은 '깨끗하다'는 식으로 대립
적으로 보지 않게 되면, 이원 대립의 세계, 즉 분별의 세계에서 일시
적으로나마 떠났다고 할 수 있다. 특히 '지금, 분별을 끊었다'고 하는
것처럼 의식하는 의미가 아니고, 몸을 움직여서 작업을 하는 동안에
'몸으로 안다'고 하는 것이 일어난 것이다. 그래서 승당에서는 청소
라는 수행을 중시하고, 고참 운수라도 자진하여 화장실 청소를 한다.

승당은 없는 것투성이

운수의 생활에는 없는 것이 참으로 많다. 냉난방 시설이 없고, 수세식 변소가 없고, 텔레비전이 없고, 외출 시간이 없고, 쓸데없는 말이 없다. 그리고 작업 중에는 잡담은 물론이고 일에 대한 이야기도 할 수 없다. 용돈이 없는 것은 물론이고 휴식이나 휴일도 거의 없다. 좌선 중에는 헛기침도 할 수 없다. 이렇게 생활 속의 쓸데없는 것을 철저하게 없애는 것도, 자신을 몰아쳐서 '몸으로 깨닫기' 위한 수행이다.

대부분 있다는 것에 익숙해진 현대인에게 없는 것 하나하나는 미지의 체험이다. 17세의 나의 몸은 너무나 허약해서, 그 미지의 체험에 일일이 비명을 지르고 있었다.

겨울철에 난방이 되지 않는 마루방에서 식사를 할 때는 냉기가 뼛속까지 스며들어 찌릿찌릿했다. 탁발을 나갈 때도 맨발에 짚신을 신고 나갔는데, 피가 비죽비죽 비어져 나올 만큼 발이 텄다. 그래서 좌선을 하면 욱신욱신거려 아픈 생각만 들었다.

재래식 화장실의 오물은 금방 흘러넘칠 만큼 쌓이지만, 그것은 밭의 거름으로 재활용되었다. 그 당시의 내겐 놀라움 그 자체였다. 거짓말처럼 들리겠지만, 아프고, 춥고, 힘들고, 고통스러움의 연속이었다.

목욕물도 원시적인 방법으로 끓이기 때문에, 땔감용으로 쓸 만한 나뭇가지와 낙엽을 모으는 일부터 시작한다. 그러고 나면 장작으로 불을 지피고 부채로 살랑살랑 부채질한다. 이런 방법으로 불을 지펴 목욕물을 데우면, 족히 1시간 반에서 2시간이 걸린다. 생략은 일절 없다. 착실하게 작업을 또박또박하는 그 자체에 의미가 있는 것이다.

목욕할 때도 허비되는 것이 전혀 없다. 목욕하는 날은 4일과 9일에 한정되며, 한 사람의 목욕 시간도 좌선과 동일하게 선향 한 개비가 다 탈 때까지로 정해져 있는 만큼 철저하게 제한된다.

그리고 소지품도 주어진 작은 선반과 조그만 벽장에 최소한의 필수품만 넣어둘 수 있다.

운수들은 선당에서 잠을 자는데, 내게 주어진 공간은 다다미 18장이 나란히 깔린 말석의 다다미 한 장이 고작이었다. 다름 아닌 '일어 나서는 다다미 반 장, 누워서는 다다미 한 장'의 세계였다. 그 한 장의 다다미 위 천장에는 단표單瓢라 불리는 명찰이 각각 드리워져 있다. 그리고 뒤쪽에는 이불을 올려놓는 선반이 있고, 그 아래에는 교본 등을 두는 작은 선반이 있는데, 거기에 가사를 거는 가느다란 대나무가 하나 걸쳐 있다. 그 뒤에는 일용품을 넣는 작은 벽장이 있다. 극히 소박한 생활이다.

어디에서 무엇을 할까 하는 고민조차 하지 않아도 될 만큼 물질을 갖지 않는 생활. 실제로 해보니까 정말 홀가분하고 즐거웠다.

이불은 여름과 겨울 겸용으로 1장만 달랑 주는데 잠잘 때는 그것을 펴서 옷을 입은 채 잽싸게 이불 속으로 들어가서 이불 반 장은 깔고 반 장은 덮고 잔다. 그래서 일어나면 이불을 후다닥 개어서 선반에 올려놓기만 하면 금방 정리된다.

운수들은 일어난 즉시 옷을 부여잡고 서둘러 세면장으로 가지만, 여기에서도 쓸데없는 것을 철저하게 없애는 장치가 있다. 작디 작은 국자. 세면장에는 돌로 된 대야에 넘칠 정도로 맑은 물이 가득 채워져 있다. 그곳에는 놀라움을 금치 못할 작은 국자들이 나란히 놓여 있다. '에잇, 이것으로 어떻게 헹구어?'

처음에는 그것을 보고 깜짝 놀랐다. 어떻게 보면 장난 치고 있다는 생각밖에 들지 않을 정도로 작은 모양을 하고 있기 때문이다. 이렇게 국자를 일부러 작게 만든 것도 수행을 위해 그런 것이다. 작은 국자를 통해 운수는 한잔의 물을 훌륭하게 사용하기 위한 공부를 한다. 물을 허투루 사용하는 것을 조심하는 데서부터 모든 낭비와 허비에도 주의를 기울이게 된다. 더불어 자연의 은혜에 대해 감사하는 마음을 싹트게 한다.

실제로 내가 그러했다. 그때까지 '한잔의 물이 감사하다'고 느꼈던 적이 없었는데, 정말로 그렇게 생각하게 된 것이다. 못난이 사고뭉치도 많이 바뀌었던 것이다.

밥 먹는 것도
수행이다

식사도 일체의 허비가 없다. 승당 식사는 잘 알다시피 생선과 고기는 사용하지 않는 정진精進 요리로, 소위 말하는 조식粗食이다. 아침은 죽과 매실장아찌이다. 천장이 비칠 정도로 수분이 많은 죽이기 때문에 '천장죽'이라고도 불린다. 쌀은 2등미를 사용한다. 점심은 보리 7 대 쌀 3의 보리밥, 된장국, 단무지가 기본이다. 그것에 땅콩 두부와 곤약*으로 만든 두꺼운 두부지짐 등의 반찬이 더해진다. 고기는 들어가지 않지만 카레라이스가 나올 때도 있기에, 점심 식사는 조금 즐거웠다. 저녁은 대개 남은 반찬 따위에다 된장을 넣어

---

* 구약나물의 땅속 줄기를 가루로 만들어 반죽한 것을 석회유(우유)를 섞은 끓는 물에 넣어 익힌 식품.

끓인 죽이다.

식사를 하는 것도 중요한 수행의 하나이기 때문에, 다만 먹는 행위에 그치는 것이 아니라, 식기를 펴는 법에서부터 식사를 받는 방법, 그리고 먹는 순서까지 엄숙한 작법이 있다.

또 식사를 하는 식당은 '삼묵당'이라고 불리는데, 죽을 마시는 소리도, 씹는 소리도, 젓가락을 놓는 소리도 일체 내서는 안 된다. 식사 중에도 없는 것이 많다.

나는 본래 수다스러운 아이였기 때문에, 못난이 사고뭉치가 되기 이전부터 "사내의 수다스러움이 가장 나쁘다"라고 부모님께 자주 주의를 받았었다. 못난이 사고뭉치가 되고 나서는 스스로 부모님과의 사이에 차단기를 내려서 침묵을 하기로 결정한 적도 있지만, 원래는 자타가 인정하는 수다쟁이였다. 하지만 승당에서는 식사 중에 지껄이는 것은 꿈조차 꿀 수 없었다. 지껄이지 않는 것만으로도, 내게는 큰 수행이었다.

엄숙한 분위기 속에서 식사가 끝나면, 발우에 따른 한잔의 차로 그 자리에서 발우를 씻고는 그대로 보자기에 싼다. 승당에서는 일반 가정에서 하는 것처럼 세제를 사용하여 식기를 씻는 일이 없다. 여기에서도 허비는 없다.

찾아온 손님에게는 특별 식단을 제공하지만, 그 경우도 식재료는 자투리 같은 변변치 않은 것을 사용한다. 그러나 요리법에는 상당히 정성을 기울인다. 사계절의 채소를 여러 가지 방법으로 맛있게 조리하고, 온갖 궁리를 다하여 써는 방법과 양념을 달리하여 맛을 낸다. 재료의 맛을 살려내는 것이 정진 요리의 특징이기도 하다.

예를 들면 맑은 장국은 보통은 버리고 말 야채를 기름으로 볶고, 장유로 맛을 낸다. 비룡두飛龍頭는 부서진 두부에 야채 자투리를 섞어 넣어 기름으로 튀겨낸다.

마음을 담아 온갖 정성을 들여 만든 이러한 요리들은 어느 것이든 맛이 있고, 버리기 직전의 재료라고 하기에는 도저히 믿기지 않을 만큼 싹 달라져 있다. 놀라움 그 자체이다. 승당 생활의 진수는 허비를 없앤 최소한의 생활에 감사하는 데 있다.

"인간본래무일물人間本來無一物."

이 말은 유명한 선어이긴 하나, 많은 전자제품에 둘러싸인 현대 생활에서는 그 의미를 이해하기가 쉽지 않다. **"본래무일물"**을 깨닫지 못한 채, 많은 물질과 **아집을 몸에 친친 감고 갑갑하게 살아가고 있는 것이 우리들 인간인 것이다.**

시고공중무색 是故空中無色

무수상행식 無受想行識

무안이비설신의 無眼耳鼻舌身意

무색성향미촉법 無色聲香味觸法

(실체가 없는 공의 세계에서는) 물질적 현상도, 감각도, 상념도, 의지도, 판단도 없다.

눈, 귀, 코, 혀, 몸, 마음도 없고, 물질의 형상, 소리, 향, 맛, 몸의 촉각, 의식의 대상

조차도 없다.

이와 같이 《반야심경》에서는 우리들이 '있다'고 생각하고 있는 것
자체를 철저하게 부정하고 있다. "인간본래무일물"을 전문을 통해서
표현하고 있는 것이다. 허비가 일체 없는 승당에서 "무일물"의 모습
에 가까운 생활을 직접 해보니, 그것을 감각적으로 알 수 있었다.

탁발

승당 생활의 모든 것은 '무소득의 행'이기 때문에 운수에게는 달마다 주는 용돈도 없다. 돈은 집착과 욕망을 만들어내는 원인이 되므로 기본적으로 재산도 갖지 못할 뿐더러 생산 활동도 못하게 되어 있다. 그리고 기본적인 의식주는 제공되지만 일상의 식사는 탁발을 해서 해결해야 한다. 탁발은 붓다 이래로 이어져온 '걸식행'이다. 문자의 뜻 그대로 손으로 그릇을 받드는 행이다. 운수는 그릇을 안고서 시중에 음식을 얻으러 걸어서 간다.

독자 여러분 가운데서도 어딘가의 거리에서 운수를 만난 적이 있겠지만, 그 운수들의 일상생활과 마음속까지는 상상해본 적이 없을 것이다. 사실, 풋내기 운수의 마음속은 굉장히 복잡하다.

　탁발 나가는 날은 한 달에 5~6일 정도로, 그날은 세 명이 한 조가 되어 맨발에 짚신을 신고 머리에는 삿갓을 쓴 독특한 모습을 하고서 아침부터 밖으로 나간다. 운수들은 '겐닌소도建仁僧堂'이라고 새겨진 자루를 차고 일정한 간격을 유지하며 걸어가는데 우두머리 운수가 앞장선다. 가장 후임이었던 나는 항상 맨 마지막에 서서 뒤를 따랐다.

　이 골목 저 골목을 큰소리로 "호- 호-"라고 연호하면서 '희사' 즉 보시를 요구하며 걷는 것은, 아직 건방기가 하늘을 찌르고 속세의 욕심이 남아 있는 17세 쇼넨에게는 꽤 저항감이 들었다. 어린아이 때부터 먹는 데 곤란을 겪어본 적이 없기도 했거니와 어린 마음에도 '가난하더라도 결코 구걸은 하고 싶지 않다'라는 생각을 갖고 있었기 때문이다. 폭주족 시절에도 다른 사람의 물건을 등치는 행위 같은 것은 단 한 번도 한 적이 없었다.

　'나는 도움을 받는 그런 인간은 절대 아니다.' 이러한 프라이드가 장애가 되어 처음에 몇 번은 부끄럽고 비참하고 한심해서 만족스럽게 소리를 낼 수 없었다. 솔직히 숨을 구멍이 있으면 들어가고 싶은 심정이었다. 인솔자의 지도를 받아 큰소리를 내려고 해도, 선배의 유창한 오이와케쵸追分調*와는 좀 거리가 먼 작고 묘한 소리를 내는

---

* 일본 민요의 하나인 오이와케부시追分節 즉 역참에서 불렀던 애조를 띤 마부 노래와 가락이 유사하다는 뜻.

것이 고작이었다. 사람 앞에서 "아-"라고 해놓고 더이상 뭐라고 말해야 될지 몰라 주춤거렸다.

어느 땐가는 장사꾼 같은 남자가 나에게 돈을 휙 던졌는데, 하필 그것이 하수구를 덮는 널빤지 속으로 들어가버렸다. 그 바람에 진흙투성이가 된 돈을 주으면서 도저히 견딜 수 없는 기분에 사로잡힌 적이 있었다. 마치 '가져가라 도둑놈아' 하는 취급을 받은 느낌이었다.

정말 나 자신이 한심하게 여겨졌다. 보시를 받으면 경을 읽으며 답례를 해야 했는데, 그때 나는 공손하게 사의까지 표하고 독경하면서도 마음속으로는 상대방을 원망하고 있었다. 그러나 탁발을 몇 번 반복하는 동안, 내 속에서도 어떤 변화가 일어났다.

탁발 행위에는 보시를 하는 쪽도 받는 쪽도 일면식이 없고 이름을 모른다. 어떤 말을 나눌 이유도 없다. 내가 부끄러운 생각이 들고 비참하고 노여움을 느끼더라도, 그 일순간의 접점을 가질 뿐 그 이상의 어떤 관계도 가지지 않는다. 결국 나에게 돈을 던져준 상대도 지나가버리면 정말로 관계가 없는 사람이 되고 만다. 이쪽이 화를 내도, '농담이 아니야'라고 생각해도 상대방에게 그 마음을 전해줄 수가 없다.

그러한 것을 체험을 통해 알게 되는 동안, 애초에 느꼈던 수치심, 프라이드, 노여움 같은 것들이 점점 엷어져 갔다. 고참과 신참이라는 구별 없이 함께 희사를 받고 있는 동안에는 불가사의하게도 이런

저런 생각이 사라지고 탁발에 정신을 쏟을 수 있었다.

심무가애 心無罣愛

무가애고 無罣礙故

무유공포 無有恐怖

마음의 얽매임이 없다. 얽매임이 없기 때문에 공포도 없다.

이 《반야심경》의 가르침처럼 **무의 경지**를 조금씩 조금씩 깨달아
갔다.

우등생은 풀 수 없는
선문답

승당 생활은 난해한 '시험문제'와 싸우는 나날이기도 하다. 시험문제를 풀기 위해 자신을 자꾸자꾸 막다른 곳까지 몰아가는 것이다. 아침과 저녁 두 번 땡땡 하는 종소리를 신호로, 운수는 큰스님의 방에 부리나케 도착하여, 한 사람씩 '독참(입실)'하여 큰스님이 준 '공안' 즉 시험문제와 씨름한다. 공안에 대한 '견해'라고 하는 것은 문제에 대해 자기 나름의 답을 분명하게 하는 것이다.

공안이 왜 난해하냐 하면, 1,701개인 공안 모두가 비논리적으로 되어 있어서 상식적인 사고가 전혀 통용되지 않기 때문이다. 몇 가지를 소개해보겠다.

"굽은 나무를 곧게 펴봐라."

"3,000미터의 깊은 바다에서 피똥을 싸지 않고 올라올 수 있느
냐."

"한손으로 박수를 쳐봐라."

"후지산 꼭대기 구멍의 물을 단숨에 마셔봐라."

"죽어서 어디로 가나."

"정원 끝의 지장보살을 이곳으로 가지고 와봐."

이 공안들을 일반적으로 생각하면 "그것은 억지죠"라거나 "모르
겠다"라고 대답할 수밖에 없을 만큼 알 수 없는 문제들일 뿐이다. 게
다가 학교의 테스트처럼 하나의 답이 있는 것도 아니다. 논리를 초월
한 답을 던지지 않는다면 언제까지라도 전혀 돌파할 수 없다. 경우에
따라서는 하나의 문제를 푸는 데에 몇 년이라고 하는 세월이 걸리기
도 한다.

그 중에서도 최대의 난관은 누군가가 최초로 받았다고 하는 "무자
無字 공안"이다.

"개에게도 불성이 있는가?"

고작 이 정도의 물음이냐고 할지 모르겠지만, 운수들은 이것을 풀
기 위해 악전고투를 한다. 나도 이 공안에서는 꽤 고생했다.

예를 들면 "불성은 모든 것에 존재하기 때문에 개에게도 있다"라고 답했다고 하자. 이것은 극히 상식적인 대답으로 너무나 평범하다. 그러면 큰스님은 요령을 울려 선문답을 강제로 끝마친다. 그럼 퇴실해야 한다.

견해의 감별을 받고 대답이 바르게 풀렸다면 큰스님은 고개를 끄덕이나, 바르게 풀지 못했다면 큰스님은 틀렸다는 뜻으로 요령을 딸랑딸랑 울린다. 요령이 울리면, 운수는 일체의 언동을 멈추고 즉각 합장 예배하고 방을 나와야 한다.

물론 "개에게는 불성이 없다"라고 답하는 것도 잘못이다. 보통의 대답으로는 아무것도 되지 않는다. 우등생의 대답으로도 안 된다. 문답을 끝내지 않기 위해서는 논리를 초월한 답을 던질 수밖에 없다. 그렇다면 도대체 어떻게 대답해야 관문을 돌파할 수 있을 것인가?

불교의 깨달음으로 이끄는 입문서인 《무문관無門關》은 예부터 내려오는 공안 가운데 48칙을 엄선해서 편집한 공안집이다. 그 제1칙이 이 "무자 공안"(정확하게는 "조주무자趙州無字")이다. 여기에 대답의 힌트가 있다.

어떤 스님에게 "개에게도 불성이 있는가?"라고 물음을 받은 조주趙州 화상은 그 자리에서 "없다!"라고 대답했다. 그러나 그후 다른 스님에게 똑같은 물음을 받은 화상은 이번에는 "있다!"라고 대답했다. "없다!"와 "있다!"라는 정반대의 답을 말한 조주 화상은 무엇을 전하고 싶었던 것일까? 아주 간단하게 말하면, "없다"에도 "있다"에도 사로잡히지 말고 상식적인 유무를 초월한 곳에서 생각하라는 것이다.

공안의 목적은 이유를 알 수 없는 물음을 던져 "유무의 분별에 매달리지 않는 경지"로 이끌어 그 근본에 있는 기성 개념을 걷어치우는 것이다. 있는 것일까 없는 것일까 하는 상대적인 가치관에 얽매인 대답을 하는 한, '이 녀석은 아직 멀었다'라고 판단되어 몇 번이고 낙제의 요령 소리를 들어야만 할 것이다.

'무無!'자 공안

'무無'라는 한 글자를 어떻게 이해할 것인가. 이것은 공안의 제1관문인 동시에 불교 수행의 제일 관문이기도 하다. 인간은 원래 이원 대립의 세계에서 살아가고 있고, 긴 세월의 경험에서 '유'와 '무' 같이 일체의 사물을 두 개로 나누어서 보는 것을 당연하게 생각하고 있다.

이것은 좋고, 저것은 안 좋다.

A씨는 명랑하고, B씨는 우울하다.

C양은 우수하고, D양은 열등하다.

이와 같이 뭐든지 분별하고 비교해보는 것에서, 우리들 스스로 괴로움을 만들어내고 있다. 학교의 성적표에는 확실하게 우열이 가려져 있다. 우리들은 어릴 때부터 지겹도록 분별하며 살아왔다는 의미이다. 다시 말하면 분별하고 분별되는 것이 몸에 젖어 있는 것이다.

그러나 자신에게 열등 혹은 형벌이라는 도장이 찍히면, 마음은 상처를 입는다. 그래서 《반야심경》은 그런 기존 생각을 무너뜨리는 마음의 지혜를 설명하고 있는 것이고, **선문답에서는 공안을 통해 '유무의 세계'를 떠나기 위한 실제 훈련을 하는 것이다.**

실제 훈련의 현장 풍경은 전쟁터를 방불케 한다. 세속적인 의례 작법 따위는 여기서 일체 소용이 없다. 스승의 비논리적 물음에 대해 제자는 논리를 초월한 대답으로 대항하기 때문에 현장에서는 말을 초월한 가당치 않는 말들과 행동이 오간다. 따귀를 때리고, 발로 차고, 고함을 지르고…

공안에 대한 대답 가운데는 제자가 스승의 뺨을 기세 좋게 철썩 때리는가 하면, 어떤 때는 "이 똥 같은 방주"라고 스승에게 큰소리로 꾸짖기도 한다. 평상시에는 하늘과 같은 스승에게 절대 복종을 하지만, 공안 시간만큼은 당당하게 제자가 공격을 시도한다.

일반 사회에서 보면 도무지 이해할 수 없는 주고받음이, 선문답 방에서는 아주 일상적으로 행해지고 있는 것이다. 그래서 어떠한 반응이 돌아오더라도, 유무를 초월한 경지에서 나온 답이 아니라면 어이없이 쫓겨나게 된다. 어떤 때는 큰스님으로부터 뺨을 맞거나 발길

질을 당하기도 한다. 또 준엄한 몽둥이 찜질을 당하거나 꾸중을 뒤집어쓰는 경우도 종종 있다.

나도 수없이 내쳐졌다. 입문한 지 얼마 되지 않았을 때는 날마다 주의를 받았기 때문에, 입실하자마자 바로 방에서 쫓겨났다. 그러자 점점 더 위축되어서 큰스님 앞에 앉기만 하면 뱀 앞의 개구리처럼 꿈틀거릴 뿐이었다.

다만 어렵고 이상한 물음에 대한 탐구심이 불타오른 데다, 억울함도 한몫 거들어 잘 때나 깨어 있을 때나 무자 한 자와 씨름했다. 좌선하면서도 무! 식사하면서도 무! 걸어가고 있을 때도 화장실에 웅크리고 있을 때도 쓰레기를 모으고 있을 때도 무!… 주야를 가리지 않고 '무, 무, 무…'라고 하는 동안에, 몸이 무의 기계가 되어가는 듯한 느낌이 들었다.

스승은 해답에 대한 힌트를 결코 주는 법이 없었다. 다만 "막다른 곳까지 몰아붙여서 사방팔방이 꽉 막히게 되었을 때에 나오는 것이 중요하다"라고 한 가지 말해주었을 뿐이다. 살아 있는지 죽어 있는지 조차도 모를 상태까지 몰아붙였을 때, 유무의 경계를 초월한 답이 나온다고 하는 것이다.

옛날부터 선의 조사들은 목숨 걸고 온몸을 내던져서 이 경계에 이르렀다고 하는 의미이다. 무는 유무의 무도 아니고 유에 대한 무도

아니다. 유무를 초월한 경계인 무자 한 자의 의미를 체득하는 것은
부처님 가르침의 '기본 틀'을 아는 것과 같다.

삼세제불 三世諸佛

의반야바라밀다고 依般若波羅蜜多故

득아뇩다라삼막삼보리 得阿耨多羅三藐三菩堤

과거 현재 미래의 모든 부처님들도 이 무심에 의해 최상의 평안을 얻었다.

《반야심경》은 이렇게 설하고 있다. 무심하게 되면 최상의 평안으
로 길이 이어진다고 하는 것이다.

지금 생각해보면, 그 무렵의 나는 호기심과 탐구심은 대단했지만,
무자의 의미는 거의 알지 못했다. '최상의 평안을 얻기'까지의 길은
저 멀리에 있었다. 다만 무를 파고드는 동안 미숙하더라도 '논리를
초월한다'는 것이 무엇인지 몸으로 알기 시작했고, 다음 공안을 빨리
받고 싶어 기다릴 정도로 그것의 의미를 알게 되었다. 이것도 실제
훈련을 하면서 이루어낸 하나의 성과였다.

접심 수행

승당에서는 쉬는 시간과 휴일이 거의 없음을 앞에서도 언급한 바 있지만, 그래도 휴양일이라고 하는 것이 있다. 14일과 그믐날(월말)은 '대 49'라고 하여, 이날은 아침 햇살이 비칠 때까지 아침잠을 느긋하게 잘 수 있다. 오전에는 삭발과 대청소를 하고 오후에는 개인 용무를 보러 외출도 할 수 있는 특별한 날이다. 삭발할 때는 운수들끼리 머리를 서로 깎아주는데, 이것도 번뇌를 떠나 망상을 단절하기 위한 수단이다.

나는 머리를 깎을 때마다 "에-, 겨우 14~5일밖에 지나지 않았는데 머리카락이 참 많이도 자랐네" 하고 감탄했다. 파르스름한 두피에 털이 잔디처럼 드문드문 자라나 있는 것이었다. 이처럼 매일매일 조금씩 털이 자란다고 하는 것은 살아 있다는 증거이기도 했다. 이 세상의 모든 것은 시시각각 변화하고 있다고 하는 공의 의미를 이러한 사소한 것에서도 알 수 있었다.

월말의 대 49는 대개 '파침구치把針灸治'*라고 해서 운수의 몸과 마음을 정리하는 날에 해당된다. 이날만큼은 자신을 위해서 시간을 쓸 수 있다. 옷을 꿰매거나 빨래를 하거나 혹은 아픈 곳이 있으면 병원에 진료를 받으러 간다.

나는 그날이 되면 마음이 조금 들뜨곤 했다. 이 휴식은 '접심接心'이라고 하는 특별 수행 기간 전의 준비 기간이기도 하기 때문이다. 다시 말하면 '강화 합숙' 직전에 갖는 최소한의 충전 기간과 같은 것이다.

접심은 승당 생활에서 큰 의미를 두는 것으로, 일정 기간 집중적으로 좌선을 해서 '마음에 가장 가까이 다가가는' 수행을 말한다. 이 기간에는 주야 없이 정신을 오로지 공안 하나에 집중하면서 좌선만 한다. 그렇게 잠도 자지 않고 계속 앉아 있기만 하는 것이다.

좌선에 집중하는 기간은 일주일 동안이나, 그 전후로 일주일씩 각각 예습과 복습에 해당하는 기간을 갖기 때문에 실제론 3주간이 좌선 삼매이다. 독참하는 회수도 훨씬 늘어난다.

---

* 침과 뜸으로 병을 고치는 것.

게다가 매년 전반기와 후반기에 각각 '대접심大接心'(즉 격렬한 접심)이 있는데, 이 기간에는 설사 부모님이 돌아가셨다고 하더라도 집에 갈 수 없다. 기상 시간 역시 몹시 빨라지는데, 그런 반면에 밤늦게까지 좌선을 하므로 수면 시간은 더욱더 줄어든다.

좌선의 절정은 12월의 '납팔臘八'*이라고 불리는 대접심인데, 그때는 일주일 동안 전혀 잠을 자지 않고 아침저녁으로 계속 앉아 있어야 한다. 일 년 중 가장 가혹한 시간을 보내는 이 기간에는 몸이 지칠 대로 지친다.

> 내지무노사 乃至無老死
> 역무노사진 亦無老死盡
> 결국 늙음과 죽음도 없고,
> 늙음과 죽음이 없게 되는 것도 없는 것이다.

이와 같이 《반야심경》은 늙음과 죽음까지도 부정한다. 그러나 대접심의 한가운데에서는 정말로 살아 있는지 죽어 있는지도 구분이 되지 않는 상태까지 이르게 된다.

---

* 음력 12월 8일로 석가모니 부처님이 대오성도한 성도재일을 말한다.

따뜻한 말
한마디의 위력

승당 생활을 마치 옛날의 군대 생활처럼 느꼈을지도 모르겠다. 사실 두 생활 간에는 깊은 연관성이 있다. 군대 생활이 선의 승당 생활을 기초로 삼았으니 말이다. 가혹함으로 따진다면 승당 생활이 군대 생활보다 더 힘들기 때문에, 좌절해서 승당을 나가는 운수도 당연히 있다. 나도 처음에는 승당 생활을 도저히 따라갈 수 없어 마음속으로 수없이 투덜거렸다.

'결국 발만 아플 뿐이지 않는가? 공부하는 편이 훨씬 편했겠다. 이런 걸 해서 뭐하나? 만약 이곳에 오지 않았다면, 고등학교 2학년이 되어 있을 텐데…'

이렇게 처음에는 나도 몇 번이나 후회스러운 기분이 들었다. 겉으로는 운수 한 사람의 몫을 잘해내는 것처럼 행동하고 있었지만, ‘차라리 도망가 버릴까?’ 하고 몰래 탈주 계획을 짠 적도 있었다. 승당에 들어가서도 또다시 ‘제기럴’과의 싸움이었던 것이다.

특히 졸음과 발의 통증과의 싸움이 힘들었다. 여하튼 평균 수면 시간이 1시간 30분에 불과했기 때문에, 좌선을 하고 있으면 졸음이 맹렬하게 엄습해왔다. 그럴 때마다 즉각 ‘경책’이 날아와 어깨를 사정없이 후려쳤다. 경책은 4척 2촌* 크기로, 떡갈나무를 평평하게 깎아 만든 것인데 ‘훈계의 막대’이자 잠을 깨우는 막대이기도 했다. 집중력이 산만해지면 그 즉시 따닥 하고 한 대가 날아왔다. 경책은 졸음을 쫓아낼 뿐만 아니라, 흐트러진 자세를 바르게 해주고 경직된 근육의 불쾌감을 없애주었다. 그래서 때리는 쪽도 맞는 쪽도 상당히 진지했다. 하지만 한 대 맞으면 정말로 아팠다. 등뼈가 끊어질 것 같은 충격에 또 ‘제기럴.’ 좌선을 하고 있을 때의 발의 통증에 또 ‘제기럴.’ 졸음과 통증과 필사적으로 싸우며 《반야심경》을 독경하면서도 억울하다는 생각이 잠깐씩 들기도 했다.

승당 생활을 할 때 부모님에게 딱 한 번 편지를 쓴 적이 있었다. 그때 “억울하게도 좌선의 나날입니다”라고 써서 보냈던 것을 지금도

---

* 약 130센티미터.

생생하게 기억하고 있다. 그러나 이 억울함이 승당 생활을 계속하게 만드는 동기 부여가 되어 애초에 계획했던 몇 달을 훌쩍 넘기고 머무는 기간이 점점 늘어났다. 이왕 할 바엔 좀더 적극적으로 해보자, 라는 방향 쪽으로 마음이 옮겨갔던 것이다.

승당 세계에서는 떠나는 사람을 잡는 법이 없다. 도망가면 그것으로 끝이다. 열등감덩어리인 나 자신 속에서도 도망가고 싶은 마음 한편에, 그러한 중도반단中途半斷*을 허락해주지 않는 자신이 있었다. 도망가야 할지 계속해야 할지 내 마음이 갈팡질팡할 때 어떤 선배가 내게 툭 던진 말이 지주가 되어주었다.

"넨 씨, 이곳 생활은 수십만 명 가운데 한 사람이 체험할까말까한 일이라네. 아주 대단한 것이지. 하긴 이런 추운 기억도 자네 인생에서 이번이 마지막일 것이네…"

수십만 명 가운데 한 사람이 하는 체험. 그렇다! 계속 해나갈지 돌아갈지 갈림길에 서 있던 내 마음을 말끔하게 정리해준 말이었다. 그렇다면 수십만 명 가운데 한 사람인 내가 지금의 생활을 충분히 체험해보자. 좋다, 열심히 하자. 쓰러질 때까지 열심히 해보자. 선배의 말 한마디에 다시금 분발했다.

---

* 중도에 그만두는 것.

괴로울 때일수록, 누군가에게서 건네받은 따뜻한 말 한마디가 마음속으로 깊게 울려퍼지게 마련이다.

열등감을 치유하다

엄격한 규칙에 따른 생활 속에서 하루 종일 자신을 막다른 곳까지 철저하게 몰아넣는다. 청소에 자신을 몰아넣는다. 탁발에 자신을 몰아넣는다. 공안에 자신을 몰아넣는다. 그리고 좌선 삼매에 자신을 몰아넣는다.

이와 같이 일분, 일초, 일순간, 자신을 완전히 몰아넣는 생활은 확실히 누구나 체험할 수 있는 것이 아니다. 마치 '육체의 마라톤'과 같다.

승당에서 육체의 마라톤을 해보면, 고민할 여유가 있다는 것이 사치로 여겨진다. 매일 계속 일하면서 움직이다 보면, 배고픈 생각조차 잊어버리는데 과거를 뒤돌아보면서 이것 저것 생각하며 괴로워하는 시간 여유는 꿈도 꿀 수 없다.

나는 승당에 들어가기 이전부터 짬짬이 선 수행을 하고 있었지만, 아무리 좌선을 하거나 《반야심경》을 독경해도 열등감은 좀처럼 없어지지 않고, 고민의 원인 또한 쉽사리 버려지지 않았다. 그래서 열등감을 없애는 방법을 몸으로 체득하겠다는 뜻을 세우고 승당 생활에 들어갔다는 이야기는 이미 한 바 있다. 열등감은 육체의 마라톤을 계속해나가자 모습을 보이지 않았다. 이것은 직접 체험을 해보니까 알 수 있었다.

17세의 운수에게는 고민할 여유도 주눅들 여유도 없었다. 처음에는 너무 힘들어서 눈물만 흘렸다. 그러나 오로지 그날그날 해야 할 일을 처리하고, 청소에, 좌선에, 공안에, 탁발에, 독경에 전심전력을 다하다 보니까 열등감은 자연 소멸되었다. '깨달아야지'라고도 '무언가를 얻어야지'라고도 '무언가를 없애야지'라고도 생각하지 않고, **무심하게 청소와 좌선이라는 대상에 완전히 하나가 되는 동안, 갑자기 유무를 초월한 무의 세계로 길이 열렸던 것이다.**

《반야심경》과 완전히 하나가 된다는 것은 무엇을 말할까? '발이 아프구나, 다음에 할 일은 무엇이더라'라고 생각해가면서 경전의 표면을 읽고 있다면 아직도 먼 것이다.

종종 이야기되는 《반야심경》을 읽을 때의 마음 자세를 정리하면 이렇다. 첫째 아랫배에서 나오는 큰소리로 계속 말하듯이 읽는다. 둘째 자신의 소리에 취하듯이 읽는다. 셋째 머리끝에서 발끝까지 《반야심경》에 빠져서 읽는다.

내 식으로 말하자면, 《반야심경》이 되는 것이며 나아가 《반야심경》으로 존재하는 것이다. 일체감조차 초월할 정도로 대상에 빠져드는 것이다. 《반야심경》의 가르침과 하나됨과 동시에 집중함으로써 모르는 사이에 열등감에서 벗어나게 될 것이다.

지금,
이 순간에 하나가 돼라

탁발을 하고 있던 어느 날, '아니!' 하고 놀랐던 순간이 있다. 그때까지는 보시를 받는 것이 부끄럽고 참담해서 견딜 수가 없었는데, 정신을 차려보니 내가 그저 무심하게 《반야심경》을 외우고 합장하고 있었기 때문이다.

내가 가장 참담하게 여긴 탁발 행위에 '하나가 되고, 있는 그대로 받아들이려고' 자신을 막다른 곳까지 몰아붙이는 동안, 마음은 물이 흐르는 것처럼 자연스럽게 그것을 받아들이고 있었던 것이다.

또 어떤 때는 야좌夜座의 한가운데에서 번뜩 깨어나기도 했다. 좌선 중에는 여러 가지 잡념이 용솟음쳐 나와서 처음 할 때는 집중하고 싶어도 주위의 잡음에 정신(氣)을 빼앗기게 마련이다. 어떤 때는 정적 속에 울리는 야참 메밀 국수 장수의 샤라멜라charamela* 소리가 공복의 밑바닥에 울려퍼졌다. 또 어떤 때는 담 너머 기온祈園**의 거리에서 즐기는 남녀의 밤 데이트에 마음을 빼앗겨 흔들리기도 했다. 또 가부키상의 또각또각 하는 발걸음 소리에 '어떤 여자일까?' 하고 흥미를 키운 적도 있었다. 겨울은 빙설한풍, 여름은 각다귀의 맹공. 그러나 그날은 여느 때와는 조금 달랐다.

한겨울 밤의 정적 속에 가만히 앉아 있었으나, 차가워진 오체는 어느덧 한기를 느끼지 못하게 되고, 호흡도 주위의 잡음도 잊어버린 경지에 이르렀던 것이다. 소위 근원적인 무의식 상태. 그 속에서 바삭 하는 낙엽 소리를 듣고 정신이 들어 문득 나에게 돌아왔다. '앗, 이게 뭐야?' 천지인간 일체가 무…!

좌선과 완전히 하나가 되어 있던 그 순간, 별안간 자신과 낙엽이, 그리고 나와 대지가 하나로 되는 느낌이 다가왔다. 이것이야말로 자타일여自他一如, 불이일체不二一體의 무의 경지이다.

수행을 지속적으로 하게 되면 자연히 오감이 닦이지만, 자타일여가 된 순간은 주위의 소리, 향기, 풍경과도 하나로 어우러져서 필설로는 다하기 어려운 좋은 기분을 느낀다.

---

* 포르투갈어 샤라멜라 오보에의 원형.
** 교토시에 있는 환락가.

우리 자신은 자연계의 일부라는 것, 이 세상의 모든 것은 서로 관계하고, 서로 의지하면서 생멸을 반복하는 공의 세계를 몸으로 알게 된 것이다.

선을 실천하는 육체의 마라톤은 러너스 하이Runner's High와도 통하는 면이 있다. 그 순간은 틀림없이 하이High 상태이다.

아제아제 羯諦羯諦

바라아제 波羅羯諦

가자, 가자, 피안으로 가자!

여기다 여기다, 지금 여기가 깨달음의 한가운데이다!

드디어 《반야심경》의 클라이맥스가 다가왔다는 느낌이다. 좌선 하이, 그리고 《반야심경》 하이. 자신을 계속 몰아치면서 비워내는 동안 알게 된 좋은 기분이었다. 그러한 체험을 거듭하면서 어느덧 '선병'에 빠져버리고 만 나는, 결국 한 번도 집에 돌아가지 않은 채 일 년 반 동안 승당에 계속 머물렀다.

그대로 출가하는 것도 생각해보았으나, 주위의 조언도 있고 해서 그후에 복학을 했다. 다행히 퇴학 처리가 되지 않은 상태라, 일 년 반 뒤에 다시 삼 년 늦는 고등학교 1학년이 되었다. 동급생들도 바뀌었으나 내 내면도 확실하게 바뀌어 있었다. 학년이 몇 년 늦었다든지, 저 녀석이 이렇게 말했다든지, 자신은 처졌다든지 하는 생각에 휘둘리지 않고, 두 번 다시 오지 않는 '지금'에 초점을 맞출 수 있을 만큼은 되어 있었던 것이다.

이런저런 분별에서 떠나, 있는 그대로를 받아들인다. 지금, 이 순간에 하나가 된다. 이 순간을 정성을 다해 무심하게 산다. 《반야심경》의 마음의 지혜는, 그후에도 나의 인생을 지탱시켜주는 든든한 버팀목이 되어 앞으로 내딛을 수 있는 용기를 주었다.

*1. 선종과 다른 종파의 차이는 무엇인가?

현재 일본에 있는 종파는 13종 56파로, 정토계와 법화계 이외의 대부분의 종파에서는 불교의식 등에서 《반야심경》을 독송한다. 내가 배운 것은 선계의 임제종이다. 일본에서 선계의 종파라고 한다면, 임제종, 조동종, 황벽종의 3종을 가리키며, 개조開祖는 임제종이 요사이榮西, 조동종이 도겐道元, 황벽종이 인겐隱元이다. 선종은 불교의 개조인 붓다로부터 28대째에 이른 보리달마에 의해서 인도에서 중국으로 전해졌고, 임제종은 가마쿠라 시대에 일본에 전래되었다.

선종의 특징은 문자와 경전에만 의지하지 않고, 붓다가 보리수 아래에서 깨달았던 내용을 '체험을 통해 배운다'는 것이다. 수행의 내용은 삼종三宗이 조금씩 다르지만, 임제종의 경우는 우리들 한 사람 한 사람이 가지고 태어난 인간성(불성)을 자각하게 하여 진정한 자유 속에서 풍요로운 마음을 얻도록 하기 위해 좌선과 하루하루의 노동을 중시한다. 또 붓다의 깨달음에의 길을 자기의 체험으로 만들기 위해 선문답에 몰두하여 깨달음에의 계단을 한걸음씩 올라가게 한다.

임제종의 의식(法事)에서 읽는 경은 세 종류로 나누어진다. 첫째는 《반야심경》처럼 한문으로 번역한 경이고, 둘째는 산스크리트어를 그대로 한자로 음사한 주문呪文과 같은 경이고, 셋째는 일본어로 알기 쉽게 쓰여진 '화찬和讚'이라고 불리는 경이다.

*2. 승당에서도 일 년에 한 번 '무례강無禮講의 날'이 있다.

더할 수 없이 엄격한 승당 생활이지만, 일 년에 단 하루는 미증유한 '무례강'이 허용되는 날이 있다. 그것은 '동야冬夜'이다. 동지의 전날 밤으로 '동지동야'라고도 하지만, 이날에 한해서는 승당 규칙으로부터 모든 것이 해방되어 평소에는 엄금된 술도 담배도 허용된다. 중단中單과 고단高單이라고 하는 상하 관계도 신구의 질서도 모두 벗어던지고 일 년간의 즐거움도 슬픔도 화도 모두 이 하룻밤에 모조리 털어내면서 마시고 노래부른다.

동야의 직전에 '납팔臘八'이라고 불리는 대접심이 있어서 12월 1일~8일의 일

주일은, 아침부터 새벽녘까지 자지도 쉬지도 않고 계속 앉아 있다. 붓다가 보
리수 아래에서 깨달음을 연 12월 8일을 기념한 대행사이나, 운수의 생명을
빼앗아간다고 불릴 정도로 매우 가혹한 수행이다. 그 때문에 이후에 찾아오는
동야는 갑자기 변하여 꿈과 같은 시간으로 느낄 수가 있다. 엄격한 수행을 끝
내고 난 다음이라 그런지 어느 때보다 해방감도 커서 긴 밤을 지새우며 시끌
벅적하게 날을 밝힌다. 그러나 크게 떠들썩한 것도 그날뿐이다. 다음날부터
또다시 엄격한 생활이 시작된다.

제3장 | 인생의 의문에 《반야심경》이 답하다

마음을 가볍게 해주는 262자의 신비한 힘

262자의
신비한 힘

나는 《반야심경》을 만난 이후로 지금까지 거의 매일 이 경을 독경해오고 있다. 17세에 승당에 입문하고 나서 하루에도 몇 번씩 262자를 독경해왔기 때문에 지금은 자전거 페달을 밟거나 집 가까이를 산보할 때 무의식중에 《반야심경》의 어딘가를 외우고 있을 때가 자주 있다. 콧노래 대신에 경이 술술 나오는 것은, 그렇게 하면 기분이 좋아진다는 것을 몸이 알고 있기 때문일 것이다.

《반야심경》을 처음으로 독경하던 날, 들떠 있던 마음이 갑자기 편안해지는 걸 보고 구원받을 수 있겠다는 생각이 들었다. 그후 반복하여 이 경을 독경하면 할수록 우울한 마음을 맑혀주는 확실한 힘을 느낄 수 있었다. 아랫배에서 나오는 큰소리로 내가 아주 좋아하는 주문인 "아제 아제"를 외우면, 안달복달하고 떨떠름하여 마음이 무거울 때도 말끔하게 개운해졌다. 그 느낌은 큰소리로 노래 부른 뒤와 스포츠 관전 등에서 큰소리를 지른 후의 상쾌함과 비슷한 것인지도 모르겠다.

더구나 262자 모두의 신비한 힘이 모인다면, 여러분의 상상을 훨씬 뛰어넘는 파워가 되는 것은 말할 나위도 없다.

아기의 마음

《반야심경》의 경 제목인 《불설마하반야바라밀다심경》을 그대로 번역하면 '위대한 마음의 지혜'라는 뜻이다. 여기에 나 이노우에 기도 식으로 한마디를 더해서 해석하면, '위대한 무분별(무심)한 마음의 가르침'이다. 무분별 또는 무심의 가르침이라고 하는 것은, **'일체의 사물을 분별하는 세계'를 떠나서 살아가기 위한 가르침**이다.

맨 뒤에 경 전문을 번역해서 실어놓았지만, 여기에서 앞 장의 내용을 복습할 겸 해설해보면, 이 경의 주제는 공이다. 공은 '텅빔'의 의미가 아니라, 만물의 모든 행위는 서로 관계하면서 변화하고 있는 것을 말한다. 즉 실체가 없는 까닭에 공인 것이다. 일초 전과 지금,

지금과 일초 후, 이 세상의 모습은 같지 않다. 눈에 보이는 것으로 말하면, 구름이 시간을 따라 흘러가듯이 사람의 왕래도 계속 흘러간다.

‘나’라는 사람도 조금 전과 지금은 다르다. 겉모습은 거의 같으나, 몸 세포의 상태도 생각하고 있는 것도 미묘하게 변해 있다. 조금전 ‘A씨에게 전화해볼까’라고 생각하고 있다가도, 휴대폰이 울리면 ‘C씨에게서 온 전화네’라고 전화를 걸어온 상대인 C씨 쪽으로 생각이 옮겨간다.

이렇게 사소한 일상적인 일에서도 알 수 있는 것처럼, 이 세상은 멈추는 법이 없는 공이다. 모든 것은 제행무상諸行無常으로 시시각각 변화를 계속하고, 생멸을 반복하고 있는 것이다.

《반야심경》의 스토리는 관세음보살이 "만물의 행위는 모두 공이라는 것을 깨닫고, 일체의 괴로움으로부터 해방되었다"고 하는 데서 시작한다. 그 뒤에는 어떠한 내용이 쓰여 있는 것일까?

대강 말하면, "이 세상은 공이며, 고정된 실체도 고정된 물질 현상도 없다. 고정된 실체도 물질 현상도 없다면, 모든 물체가 생겨나거나 없어지거나 늘어나거나 줄어들거나 하는 현상도 없으며, 더러움도 깨끗함도 없으며, 몸의 감각도 마음도 전부 없다. 더구나 늙음과 죽음도 없고, 늙음과 늙음이 없게 되는 것도 없고, 고뇌와 고뇌의 원인이 되는 집착도 없고, 깨달음과 깨달음을 얻는다고 하는 것도 없다…" 이렇게 우리들이 '있다'라고 생각하고 있던 것을 단호하게 모두 부정한다.

결국 모든 것은 '없다.' 그러나 여기에서 말하는 '없다'는 '어디에도 없다'라는 뜻이 아니다. 공은 '아무것도 없다고 하는 것도 없다, 있다고 하는 것도 없다'라고 하는 **분별'을 초월한, 어느 것에도 집착하지 않는 경지인 것이다.** 이 부분이 중요하다.

공은 무분별의 세계이기 때문에, 사람과 사람, 무언가와 무언가를 비교해서 '이것은 A, 이것은 B', '이것은 좋고, 이것은 나쁘다'라고 단정지어버리지 않는다. 이 세상에는 처음부터 A도 B도, 좋다도 나쁘다도 없으며, 인간이 사정에 맞게 나눈 것일 뿐이다.

자신이 지금 살고 있는 이 세상을 공이라고 깨닫는다면, 분별에서 떠나 '있는 그대로'를 받아들일 수 있게 된다. 그리고 분별에 따라 일어나는 미혹과 괴로움으로부터 벗어나 평안히 살아가는 것이 가능해진다. 이 가르침이야말로 인생의 모든 의문과 고민을 해결해주는 열쇠이다.

《반야심경》의 공을 이해하면 사물을 생각하는 방법이 유연해져서 모순투성이의 이 세상을 어떻게 살아야 하는지 쉽게 터득된다.

또한 《반야심경》은 우리들 한 사람 한 사람이 본래 '무분별의 마음'을 갖추고 있다는 것을 일깨워준다. 그 누구라도 응애 하고 태어날 때의 아기의 마음은 분별과 멀리 떨어진 곳에 있다. 아기는 '이것은 좋고, 저것은 나쁘다', '이것은 희고, 저것은 빨갛다'는 식으로 분별하지 않는다. 즉 우리들의 인생은 무분별에서 시작하고 있다는 의미로, 모든 사람의 밑바탕에는 불성을 갖추고 있는 것이다.

그러나 인간은 성장해가면서 작은 자를 몸에 지니고 분별하게 되는데 이때부터 '사로잡힘, 얽매임, 재기'라고 하는 고뇌의 원인을 몸에 감는다. 마치 겹겹이 껴입은 옷이 답답해도 꾸역꾸역 껴입고 지내듯이 말이다. 인간으로 살면서 사회 생활을 영위해 가는 이상, 이것은 피할래야 피할 수 없다.

지나치게 얽매인
자신을 깨닫다

내가 《반야심경》에 쓰여 있는 내용을 알게 된 것은, 이 경과 만난 직후였다. 무엇이 쓰여 있는지 알고 싶은 호기심에 번역본을 입수해 읽어보았다. 그러나 처음에는 '공'과 '무'의 의미를 잘 파악할 수 없었다. 한편으론 이해된 것 같은데 또 한편으론 전혀 이해되지 못한 느낌이었다.

그후 승당에 들어가 선 수행에 매진하는 동안, 저절로 몸을 통해 그것을 알 수 있었다. 탁발을 하면서도 일념으로 《반야심경》을 외우며 합장하고 있는 자신에게 깜짝 놀랐는데, 그것이 바로 무분별의 마음 상태였음을 깨달았다.

한겨울 야좌의 한가운데서 수족의 차가움도 주위의 잡음도 모를 정도로 나를 잊어버린 순간, 자신과 주위의 세계가 하나로 녹아서 합쳐지고, 분별을 초월한 경지에 있었다는 것을 깨달았다. '아, 이것인가…' 하고 생각이 거기에 미치자 다시 무의 경지에서 조금 떨어져 나왔다.

내 경험에서도 알 수 있듯이, 인간은 무심한 상태를 계속 유지할 수 없다. 지속적으로 아기의 마음과 무분별의 마음으로 있는 것은 불가능하다. 분별의 세계를 떠나려고 해도, 곧 돌아와버린다. 그러나 《반야심경》의 지혜를 마음에 담게 되면, 지나치게 분별하는 자신의 마음을 깨닫는 것이 가능해진다.

'앗, 나는 지금 모두에게 잘 보이려고만 생각해서 행동하고 있구나.' '결국 A씨와 B씨를 비교해버렸다.' 이렇게 기성 개념에 지나치게 얽매여 있는 자신을 깨닫게 된다.

깨닫는다는 것은, 분별에서 떠나는 첫걸음이다. 마음이 너무 많은 옷을 껴입어 괴로울 때, 즉각 상의를 한 벌 벗어 조금 가볍게 해주는 지혜가 작동하는 것과 같다. 이것이야말로 열등감에서 벗어나는 지혜이다.

나는 소년시절부터 '못난이 사고뭉치'라고 하는 마음의 짐과 격투를 해왔으나, 열등감에서 벗어나는 지혜를 얻고 나서는 오랫동안 고민해온 그 문제가 깨끗하게 해결됐다. 지금은 열등감덩어리가 고개를 쳐들면 마음 정화의 신호로 받아들여, 즉각 퇴치하려고 애쓰고 있다.

마음의 지우개

 인간은 헤매고 고민하는 생물이다. 《반야심경》은 '분별심'으로 인해 미혹과 고민이 생긴다고 가르쳐준다. 그렇다. 분별심이 있기 때문에 인간은 헤매고 고민하는 것이다. 그래서 고민의 해결법 역시 명쾌하다. 항상 이것 저것으로 나누어서 보려고 하는 마음을 될 수 있는 한 버리고, 작은 자로 쌓아올린 마음의 껍질을 없애고 가는 것이다.

버리고 산다면 모든 것이 만족. 이것이 나의 철학이다. 작은 자를 버리고, 유에도 무에도 사로잡히지 않고, 무한으로 펼쳐지는 공의 세계에 사는 것은 참으로 기분이 좋다. 그러면 구체적으로 어떻게 해야 그렇게 될 수 있을까?

다음 항부터는 262자 중에서 뽑아낸 몇 개의 구절를 힌트 삼아 왕
따, 실패, 열등감 등 여러 가지 고민들을 없애는 방법에 대해 생각해
보려고 한다. 나 역시도 그것들로 인해 괴로워했었다.

여기서 독자 여러분에게 한 가지 제안을 한다. 《반야심경》의 구절
하나하나를 어렵더라도 반드시 한 번 소리내어 읽어주기 바란다. 돌
이킬 수 없는 인생을 다시 시작하고 싶다든가 힘들고 괴로워서 견딜
수 없다는 기분이 들 때일수록, 《반야심경》이라는 마음의 지우개 혹
은 인생의 지우개를 사용해보면 좋다. 불안이 금세 사라지지는 않더
라도, 장담하건대 지금까지 맛보지 못했던 마음의 감촉을 체험할 수
있을 것이다. 《반야심경》을 반복해서 읽으면 읽을수록, 그 감촉은
점점 확실하게 와닿게 된다.

다음 페이지부터는 여러분의 고민과 의문을 해결하는 데 힌트가
될 만한 《반야심경》의 내용들을 끄집어내어 그것들이 무엇을 의미하
는지 이야기해보려고 한다. 권말에 게재한 《반야심경》 전문의 자구
와 번호를 참조해가면서 읽어주기 바란다. 경전 중에서도 왕도王道
로 이끌어주는 《반야심경》을 여러분의 실생활에 활용해준다면 더없
이 행복하겠다.

'저쪽일까 이쪽일까'
헤매고 있는 사람에게

色不異空 (7)

헤매는 것이야말로 인생. 헤매고 헤매다 더 이상 이러면 안 되는 것 아닐까 느낄 때, 가까스로 길이 열린다.

인생에는 항상 괴로움과 미혹이 따라다닌다. 도쿠가와 이에야스德川家康*도 "사람의 일생은 무거운 짐을 지고 먼 길을 가는 것과 같다" 고 하는 명언을 남기고 있다. 분명히 사람의 일생은 괴롭기 짝이 없다. 깊이 생각하면 '왜 살지 않으면 안 되는가?'라는 미로에 빠지고 만다.

내 경우도 중학교를 휴학하고 우왕좌왕하고 있던 무렵이나 폭주족 시절 일년 내내 헤매고 다니면서 무척이나 괴로워했다. '이대로

---

* 1543~1616. 에도 막부의 초대 장군.

괜찮을까?' 오른쪽일까 왼쪽일까 헤매고, 오른쪽도 왼쪽도 분간 못할 정도로 헤맸다. 헤매는 것이 인생이라고 하지만 괴로움의 계곡에서 벗어날 수 있는 출구도 역시 보였다.

괴로움과 미혹의 씨앗은 번뇌라고 하는 것이다. 제아무리 뛰어난 종교인이라도 인간이라면 번뇌(즉 욕망과 집착) 없이 살아가는 것이 불가능하다. 자신의 작은 세계로부터 사물을 보고, 일이 잘 되지 않으면 괴로워하고 헤맨다. 스스로 만들어낸 번뇌라고 하는 올가미에 걸려서는 발버둥치고, 필사적으로 탈출해서는 다시 올가미에 걸리고 만다. 이런 것은 자아를 가진 인간이 아니면 할 수 없는 불가사의한 것이다.

인간의 마음은 변화무쌍한 날씨처럼 자꾸자꾸 변한다. 비가 오고 바람이 부는 날처럼 흐린 날이 있는가 하면, 화창하게 맑은 날도 있다. 때로는 태풍이 몰아치는 날도 있다. 하지만 시간이 지나면 언제 그랬냐는 듯 날씨가 맑게 개인다. 태풍이 한 번 지나고 나면 폭풍우가 휘몰아치고 난 뒤처럼 파란 하늘이 활짝 열린다.

《반야심경》의 모두에 "색불이공 공불이색"이라는 대구가 있는데, "물질은 공에 의해 생기고, 공은 물질의 모양을 취하지 않고는 존재할 수 없다"는 뜻이다.

여기에서 말하는 색은, 이 세상에 존재하는 '색과 모양이 있는 모든 물질'을 의미한다. 이 대구 표현은 '모든 것은 서로 관계하면서 변화생멸한다'라고 하는 공의 세계를 강조하고 있다.

모든 것은 서로 관계하면서 변화생멸한다는 구조는 바로 연기를 말한다. 연기는 달리 표현하면 '무한의 네트워크 법칙'이다. 삼라만상, 이 세상의 모든 존재는 무한히 펼쳐지는 네트워크 속에서 시시각각 모습을 바꾸고 있다. 이 세상은 한시도 똑같은 모습이 없고, 단독으로 모습을 바꾸지도 못한다. 꽃이 흙, 빛, 물과 같은 영양 없이는 피었다 졌다 할 수 없는 것처럼, '나'라고 하는 존재도 자연과 다른 사람과 관계를 맺지 않고는 존재할 수 없다. 말할 필요도 없이 부모와 선조의 존재가 없다면, 나라는 존재도 없다. 먹을 것이 없다면, 성장하는 것도 불가능하다. 또 다른 사람과의 관계가 없다면, 즐겁게 같이 웃거나 싸워서 괴로운 생각을 하는 일도 없다.

미혹에 대한 이야기로 되돌리면, 지금 마음속에 어떠한 미혹과 괴로움이 있다고 하면, 우리들의 마음 기상도는 무한의 네트워크 속에서 시시각각 계속 변화하고 있다. 그래서 미혹의 길에서 비바람을 맞았더라도 나중에는 화창한 날씨를 맞이하게 될 것이다. 그런 것은 나 자신이 지금껏 살아오면서 여러 번 경험한 것이기도 하다.

열등감으로 똘똘 뭉쳐 있었던 소년 시절, 나는 미혹 속을 헤맨 끝에 선과 만남으로써 새로운 길을 열었다. 오토바이에 올라타 폭주하던 때였는데도, 마침내 승당 생활이라고 하는 새로운 생활에 뛰어드는 결단을 내렸던 것이다. 승당에 들어가서는 자신을 막다른 곳까지 몰아붙이는 수행 생활을 통해 유도 무도 없는 무의 세계를 체득할 수 있었다.

"막다른 곳까지 계속 몰아붙여서 폭발할 때에 무언가를 붙잡을 수 있다."

선문답 때, 스승이 자주 해주시던 말씀이다. 진짜 해보니까 실제로도 그랬다. 미혹과 괴로움과 일체가 될 정도로 자신을 막다른 곳까지 몰아붙이면, 결국 미혹과 괴로움의 카타르시스 같은 것이 일어나 탈탈 털고 떠날 수 있을 때가 올 것이다.

달리 말하면 연애와도 같다고 할 수 있다. 뜻대로 되지 않을 때는 머리를 잡아뜯으며 고민하면서 몹시 괴로워하지만, 그러다가도 언제 그런 적이 있었는지 의아할 정도로 가벼워질 때가 온다. 카타르시스를 느끼고 나면 마음 상태도 실제로 무척 상쾌해진다. 42.195킬로미터를 뛰고 난 뒤의 상쾌감과 비슷할지도 모른다. 그러니까 여러분도 끝까지 달려보라.

'나의 미래는 어떻게 될까' 하고 불안을 느끼는 사람에게

色卽是空 (9)

인생에 결론은 없다. 시간의 흐름에 몸을 맡기면 좋을 때가 온다.

지금 일본에서는 나라의 재정 상태를 생각하는 것만으로도 검은 구름에 뒤덮인 듯 사람들의 불안감이 이만저만 아니다. 연금 부담액도 해마다 늘어나 국민 한 사람 한 사람의 어깨를 무겁게 짓누르고 있다.

'나의 미래는 어떻게 될까?'

'병 들지는 않을까?'

'노후는? 연금은?'

그건 그렇다 치고 사람은 왜 불안하게 되는 것일까? 두말할 필요도 없이, 불안하게 되는 것은 아직 일어나지 않는 앞의 일을 이것저

것 예측하기 때문이다. 우리는 미래라고 하는 훨씬 앞선 시간 속에서 불안 재료를 찾고, 좋지 않는 상태를 가정해놓고는 '어떻게 하지' 하고 겁을 먹는다. 좋지 않는 장래 따위를 가정하지 않으면 좋으련만, 그런데도 자꾸 생각이 난다.

나는 승당에서의 수행 생활을 통해, 바쁘게 활동하면 불안해지지 않는다는 극히 당연한 것을 깨달았다. '육체의 마라톤'으로도 불리는 가혹한 수행 생활 속에서는, 지나간 과거를 돌아보며 이러쿵 저러쿵 후회할 시간도 없었고, 미리 미래를 예측해서 '괜찮을까?' 하고 불안을 느낄 시간도 없었다. 좌선이면 좌선, 선문답이면 선문답, 독경이면 독경, 청소면 청소, 하여간 목전에 있는 수행 그 자체에 최대한 노력을 기울였다. 혹 다른 것에 정신이 팔려 있으면, 곧바로 선배에게 혼이 났다. 하루를 마무리하면 지쳐서 금방 곯아떨어졌다.

이러한 생활 속에서는 '고민하거나 불안해할 틈이 있다는 것 자체가 사치'라고 느껴질 정도였다. 그래서 수행 이외의 일을 얼마든지 생각할 수 있었던 시절이 문득 그리워지기도 했다.

불안하게 되는 것은, '지금'이라는 시간에 아직 여유가 있기 때문이다. 맹렬하게 일하고 있을 때나 몰입해서 취미 생활을 하고 있을 때는 불가사의하게도 불안이 찾아들지 않는다. 무심해져 있기 때문이다. 불안은 집중하는 대상에서 떨어져나와 있을 때 그 마음의 빈틈을 꿰뚫고 쓱 하고 숨어든다.

"색즉시공 공즉시색"은 《반야심경》 구절 중에서도 가장 널리 알려져 있는 대구로, 앞 구절인 **"색불이공 공불이색"**의 공의 세계를 더욱더 강조하고 있다.

즉 이 세상의 모든 것은 실체가 없는 공이고 실체가 없기 때문에 물질로 나타내는 것도 가능하다는 것이다. 이 세상은 한시도 머무는 것 없이 변화하고, 가득 차면 반드시 이지러진다. 사람도, 사업도, 자연도, 언제까지나 한창일 수는 없다.

《반야심경》에서는 공의 세계를 여러 차례 보여주고 있지만, 우리는 '공의 세계를 지금 살고 있다'는 것을 그다지 인식하지 못하고 있다. 태어날 때부터 우리는 움직이는 보도 위를 쭉 걸어가고 있는 것과 같기 때문에, 마치 '변하지 않는 것'이 수없이 있는 것처럼 착각해버린 것이다. 그래서 '한창' 잘 나가던 때에 매달려서, 그 상태를 계속 유지하고 싶어한다. '앞으로 이렇게 해두면 절대로 문제없다'라는 것을 형상으로 나타내려고 하는 것이다. 그래서 우리는 항상 불안을 느낀다.

예를 들면 이렇다. 돈이 불안하면 예금과 적금을 늘린다. 건강이 불안하면 혹시나 병이 생길까 봐 건강과 관련된 각종 정보를 입수해서 찾아서 본다. 이런 방법이 일반적인 불안 해소법이다. 어떤 경우라도 형상을 만들어놓으면 조금 안정은 되겠지만, 무엇을 하더라도 절대 보증이라는 것은 없기 때문에 불안은 끝이 없다.

이 세상에 절대로 변하지 않는 불변적인 존재는 없기 때문에, 절대로 괜찮은 것도 없다. 변화 속에서 변하지 않는 것을 설정하려고 드는 생각 자체가 어차피 무리한 논의이다.

대지진과 같은 자연 재해가 일어나면 장래 계획은 한순간에 물거품이 되고 만다. 더군다나 우리는 계획을 세운 그때까지 산다는 보장도 없다. 내일의 일조차도 어떻게 될지 모르는 것이 사람의 일생이다. 대자연의 이치 속에서 인간 한 사람의 힘은 정말로 보잘것없는 것이다. 그런데도 젊어서 한창 팔팔할 때는 '언제까지라도 살 수 있을 것'처럼 착각한다. 그래서 장래와 노후가 불안하게 되는 것이다.

그러니까 불안을 없애는 가장 빠른 길은, 먼저 '공'이 가르쳐주는 대자연의 법칙을 이해하는 것이다. 그 다음은 지금에 초점을 맞추어 사는 것이다. 잘 나갈 때도 그렇지 않을 때도, 좋은 날도 나쁜 날도 분별하지 말고, 지금 이 순간을 음미하는 것이다. 그런 순간순간이 쌓이고 쌓이면, 불안이 숨어들 빈틈은 없어질 것이다.

왕따에 괴로워하는 사람에게

不生不滅 (15)

죽어봐야 본전이다. 애써 힘을 내라. 바보 취급을 받았다면 미소로 돌려줘라.

왕따를 당했다면, 어떤 누구라도 다시는 학교에 가고 싶은 생각이 추호도 없을 것이다. 나도 그랬었다. 허리케인이라고 불릴 정도로 원래 소란스러운 인간이었기 때문에 '재수 없는 놈'이라고 불린 데다, 말과 몸짓으로 왕따를 참 많이도 받았다. 학년이 올라갈수록 왕따가 점점 기분 나쁘게 심해지더니 피크 때에는 가혹한 집단 폭행까지 당하는 일도 생겼다.

이미 이야기했던 것처럼, 나는 중3 때에 생사를 헤매는 큰 사고를 당한 후 학습 부진과 출석 일수 부족으로 유급과 편입이라고 하는 가시밭길을 밟기 시작했다. 원래 튀어나온 말뚝이었는데, 사고 후 더욱더 도드라져 편입한 중학교에서는 불량 그룹의 눈엣가시가 되었다. 여러 가지 전초전을 거치고 난 어느 날이었다.

"간겐(당시의 나의 별명) 이리로 와."

방과 후에 불려나가자, 여섯 명이 나를 빙 둘러싸더니 우산 끝으로 몸 여기저기를 마구 꾹꾹 찔러댔다.

"재수 없어."

"너무 시끄러워."

폭언과 폭력. 심하게 맞아터진 탓에 하얀 셔츠가 순식간에 새빨갛게 물들었다. 구타가 끝날 쯤엔 화장실의 변기에 머리를 처박히는 고통스러운 경험까지 겪었다. 화장실의 변기로 향하면서 마음속으로 소리쳤다. '제기럴.'

이 '변기 사건' 이후, 학교로 발걸음이 향하지 않아 중학교와는 담을 쌓고 학원에만 다니기 시작했다.

"안돼도 본전, 실패해도 본전."

"끝까지 싸워라. 그래서 최후에 이기면 모든 것이 괜찮아진다. 작은 실패에 얽매이지 마라."

나의 선 스승이 해준 이 말에 용기를 얻어, '제기럴'의 창끝을 괴롭힌 상대에게가 아닌, 고등학교 수험 목표에 맞추고, 그것에 기를 쓰고 덤벼들었다.

괴롭힌 상대가 미운 것은 당연하다. 그것은 인간으로서 아주 자연스러운 감정이다. 그렇다 하더라도 이러한 감정을 길게 끌어가봤자 마음만 약해져서 괴로움만 늘어날 뿐이다. 되도록 빨리 그런 감정에서 벗어나는 편이 편안해지는 길이다.

무척 다행스럽게도 나는 왕따의 피크 때에 선의 가르침과 만났다. 그래서 제기럴의 파워를 다른 대상으로 향할 수 있었다. 나는 수험 공부와 좌선과 경전 읽기에 집중했다. 때로는 폭주족 동료와 바람을 가르며 오토바이를 타고 달리기도 했다. 이런 것들은 내 마음속에서 용솟음치는 노여움과 고통을 사라지게 하고, 마음의 균형을 유지할 수 있도록 도와주었다.

'제기럴' 하고 생각하는 파워는 훌륭한 재산이다. 만약 지금 왕따로 고민하는 사람이 있다면, 그 분한 생각을 과감하게 다른 대상으로 옮겨보라고 권하고 싶다. 또 내가 중학교에 가지 않았던 것처럼, 왕따를 당했던 장소는 될 수 있는 한 피하는 게 상책이다.

분한 감정이 그리 간단하게 없어지지 않겠지만, 어쨌든 다른 무언가에 에너지를 쏟는 편이 훨씬 낫다. 예를 들면 기진맥진해질 될 때까지 자전거로 집 근방을 돌아다니는 것도 좋고, 근심을 맑혀주는 방 청소를 해도 좋을 것이다. 또는 읽고 싶었던 책을 단숨에 읽는 것도 괜찮다. 《반야심경》에 흥미가 있다면, 소리내어 읽어보는 것도 좋을 것이다.

　　"불생불멸"은《반야심경》의 중추를 이루는 사고방식으로, 태어나지 않으면 없어지지도 않는다고 하는 공의 세계를 가리키는 말이다. 이 세상은 공이고, 모든 존재는 자연의 이치에 따라 끊임없이 변화하고 있다. 즉 인간 사회에서 일어나는 사건도, 시시각각 변할 수밖에 없다는 뜻이다.

　　왕따도 그렇다. 왕따는 한순간 나타났다가 사라진 과거형의 사건에 지나지 않는다. 왕따를 당해서 분하다고 생각하고 있는 지금의 시점에서는, 현실의 왕따는 흔적도 없이 사라지고 없다. 너무 분한 나머지 왕따의 여운이 계속 남아 있을 뿐이다. 그래서 그 여운을 자기 나름의 방법으로 싹뚝 잘라내버리면, 없애는 것도 가능하다.

　　마음의 궤도를 수정해나가려면 일단 분함을 리셋하는 것이 좋다. 마음의 흐름을 바꾸어나가는 것은 그때부터이다.

　　또 마음을 스스로 치유하는 차원에서 괴롭힌 상대의 마음에 시선을 향해보는 것도 하나의 방법이다. 괴롭히는 사람의 마음의 근저에는, 사실은 자신은 괴롭힘을 당하고 싶지 않다거나 그룹에서 동료와 멀어지고 싶지 않다고 하는 공포심이 깔려 있기 때문이다. 대개 왕따를 하는 아이는 부모로부터 '기대'라고 하는 이름의 학대를 받고 있는 케이스가 많다. 왕따 행위는 그 사람의 불안과 공포심이 또다른 방식으로 표출된 것이다.

자신을 괴롭힌 A군과 B군의 마음속은 어떤 상태일까? 조금 관점을 바꾸어서 상대의 마음속을 들여다보면, 결코 맑지 않음을 알 수 있다. 자신과 같이 방황하고 고민하면서 우왕좌왕하는 마음이 보인다. '그런가. 녀석도 조그만 자신의 세계 속에서 괴로워하고 있구나.' '모두들 왕따당하는 것을 무서워하는구나.' 그런 마음을 알게 되면 따뜻한 관점이 생긴다.

자신을 둘러싼 좁은 세계의 틀 속에 갇혀 있으면, 사고방식도 자기 중심으로 되어 왕따를 당한 자신은 불쌍하고, 왕따를 한 상대는 아주 나쁜 놈이 된다. 이것은 자신에게 유리한 쪽으로 생각하는 사고방식이다.

그런 자신의 좁은 세계에서 의식적으로 떠나보라. 그러면 저놈도 나도 불쌍하기는 매한가지라는 사실을 알게 된다. 거기에 생각이 미치게 되면 '자신이 그리 불쌍하지 않구나'라고 여겨진다. 어쩌면 '바로 그것이 괴롭히고 싶어지는 이유이구나. 불쌍한 쪽은 그애구나'라고 느껴질지도 모른다.

마음은 이것이다 하는 실체가 없기 때문에 그 자체로 종잡을 수 없이 변한다. 제기럴이라고 생각이 들면, 완전히 다른 각도에서 생각해보라. 여러 가지 각도에서 관찰해보라. 그리고 상대에게 미소를 지어보여라. 이것이 마음을 맑게 하는 최선의 방법이다.

실패해서
기가 죽어 있는 사람에게

無苦集滅道 (28)

나쁜 것이 있기 때문에 좋은 것이 있다. 나쁜 것이 없다면 좋은 것도 알지 못한다.

요즘은 젊은 사람들 중에서도 '자신의 인생을 다시 시작하고 싶다'고 말하는 사람이 종종 있는 것 같다. 고작 십수년 살아놓고 '자신의 인생은 실패'라고 굳게 믿어버린 탓이다.

일찍이 나에게도 그러한 시기가 있었다. 잘 알다시피 중3 때에 교통사고를 당한 이후부터 '내 인생은 모두 실패'라고 생각하게 되었다. 머리 손상으로 인해 생긴 후유증으로 사고 전후의 기억은 연결되지 않고, 공부는 뒤처질 대로 뒤처져서 결국 유급이 되고 말았다. 부모님과 선생님도 인정했던 '우등생 코스'에서 '탈락 코스'로 크게 벗어남에 따라, '실패'라는 두 글자가 머릿속을 떠나지 않았다.

사고를 당했던 것이 실패의 발단이 되었고, 유급은 대실패였다. 물론 폭주족에 들어가 나쁜 짓을 한 것도 실패의 한 모습이었다. 우등생이라고 평가되었던 자신과 학력이 떨어져 낙제생이 된 당시의 자신과의 차이에 당혹스러워하며, 겨우 열네 살밖에 되지 않은 소년이 '이미 돌이킬 수가 없구나'라고 느꼈던 것이다. 기분은 완전히 패자였다.

이때의 나는 좋고 나쁘고, 이기고 지고 등 뭐든지 나누어보는 '분별의 세계, 즉 이원 대립의 세계'에서 발버둥치며 괴로워했다. 우등생 코스는 좋고, 그 길을 벗어나면 실패라고 하는 평면적 사고방식에 얽매여서, '두 번 다시 실패하고 싶지 않다, 지금 실패하면 정말로 끝장이다'라고 하는 방향으로 마음은 흘러갔다.

그래서 두 번 다시 실패할 수 없다는 각오로 고등학교의 수험 공부에 임했다. 다행히 선원에 나가면서 그때까지 굳어 있던 사고를 허물어뜨리는 방법을 알게 되었다.

"안을 보이고 겉을 보이고 지는 단풍."

이것은 에도 시대에 살았던 선승인 료칸良寬 화상의 시구이다. 이 시구처럼 한 장의 나뭇잎에는 반드시 안과 겉이 있다. 안과 겉은 별개의 것이 아니라 하나로 이루어진 동전의 양면과 같다. 이와 마찬가지로 우리들이 대립시켜서 보는 두 개의 물건도 모두 하나로 이루어진 두 개의 물건일 뿐이다. 한쪽이 있기 때문에 다른 한쪽이 있는 법이다. 즉 한쪽이 없다면 다른 한쪽도 존재할 수 없는 관계이다.

마찬가지로 빛이 있기 때문에 그림자가 있고, 움직임이 있기 때문에 멈춤이 있는 것이다. 그리고 실패가 있기 때문에 성공이 있고, 성공이 있기 때문에 실패가 있다. 나쁜 것이 있기 때문에 좋은 것이 있고, 좋은 것이 있기 때문에 나쁜 것이 있다. 실패가 없다면 성공도 알 수가 없고, 성공이 없다면 실패도 알 수가 없다.

그러나 우리는 이런 이치들을 깨닫지 못하고 성공과 실패라면 실패의 쪽을, 좋은 것과 나쁜 것이라면 나쁜 쪽을 적대시해버리는 경향이 있다. 그리고 탐탁치 않고 한심한 자신을 멀리하거나 숨기고 보지 않으려고 한다.

내가 일찍이 레전트 머리를 하고 가죽 점퍼를 입은 폭주족 스타일로 고집을 부렸던 것도, 실패를 계속해서 마음에 들지 않는 자신을 은폐하려는 작전의 하나였다고 말할 수 있다. 그러나 **본래의 자신의 모습을 숨기면 분장된 자신이 진짜인 것처럼 행동해서, 결국은 힘들게 된다.** 자신을 제대로 보지 않으면 않을수록 분별 세계 속에 갇히게 되어 머릿속은 온통 고정관념에 사로잡힌다.

승당 생활에 한창 열중하고 있을 때, 어떤 노사가 이런 말을 해주었다.

"자네, 이노우에 쇼넨(당시의 나의 수행명)을 여기에 두고 잘 봐라. 자신이 얼마나 한심하고 어리석은 남자인지 잘 알 수 있을 것이다."

그래서 노사의 말대로 나 자신을 철두철미하게 대면한 적이 있었다. 선 수행에서는 이처럼 자신을 객관적으로 보는 훈련을 하는데, 실제로 마주해보니까 거기에는 정말로 한심하고 어리석은 남자가 자 그맣게 앉아 있었다.

'어리석구나…' 그러나 그때 적대적인 감정은 솟아나지 않았다. 다른 사람도 아니고, 그것은 나 자신의 본래 모습 그대로였다. 적대 적인 감정을 가져보려고 아무리 애를 써도 도무지 그렇게 되지 않았 다. 나 자신과 대면해보고 나서야 그것을 잘 알 수 있었다.

승당 시절에 '실패본'이라는 것을 만들었던 적이 있다. 그것은 실 패할 때마다, 그 내용을 아주 간단하게 노트에 조목조목 써내려가는 것이었다.

- O월 X일 복도에서 발에 걸려 넘어지다.
- O월 X일 앉아서 경을 읽으며 좀 "느슨해지고 있다"며 고참이 호통을 쳤다.
- O월 X일 태우고 있는 낙엽 속에 군고구마가 있을까 싶어 은

근히 기대하고 있는데, OO 운수에게 그런 내 마음이 들켜,
"거기에 군고구마는 없네"라고 웃음을 당하다.

대부분 이러한 내용이었던 것 같다. 실패의 소재는 부족함이 없었기 때문에 페이지는 계속 늘어났다. 어떤 날짜를 넘기더라도 주인공은 한심한 자신이었다.

이렇게 일기를 통해 한심한 자신과 마주보는 것도 자신을 객관적으로 보는 훈련이 된다. 글로 쓰게 되면 좋지 않은 자신의 모습과 본래 자신의 모습이 선명해진다. 실패본은 자신의 나침반으로서 다음 단계를 연결할 때 참고가 되기도 한다.

반대로 '성공본'을 만들어보는 것도 하나의 방안이다. 그래서 나는 칭찬받았다, 그래서 일이 잘되었다… 등등 자기 자신의 성공 사례를 음미해보는 것도 중요하다고 생각한다.

"무고집멸도無苦集滅道"는 문자 그대로 '고, 집, 멸, 도'가 없다고 하는 것이다. 이 세상은 실체가 없는 공의 세계이기 때문에, 처음부터 고뇌가 없다면 집착이 모여서 고뇌의 원인을 만드는 것도 없고, 그 원인을 멸하는 것도 괴로움을 제도하는 도도 없고, 그 방법을 아는 것도 얻을 것도 없다고 《반야심경》은 설하고 있다.

괴로움과 집착을 모두 부정한다. 우리는 원래 있지도 않는 데서 괴

로움을 만들어내고 있다.

나쁜 것과 실패라는 분별을 하고, 그것에 집착하게 됨으로써 괴롭게 되는 것이다. 즉 그 원인을 없애버리면, 괴로움 또한 사라져버린다. 원인이 없다면 결과도 없는 법이다.

성공도 실패도, 인정을 받거나 혹은 그렇지 못한 것도 결국 하나이다. 본래는 어디에도 있지 않는 것이다. 그러므로 자신의 자로 '나쁜 것'이라고 분별해서는 안 된다. 외면하고 있던 자신의 내면에 한층 더 깊게 가까이 다가가 들여다보라. 그리고 자신과 악수를 나눠보라.

나도 여러 가지를 시험해보았는데, 그러는 동안에 나쁜 것도 좋은 것도 껴안았던 자신이 점점 사랑스럽게 느껴졌다.

'나는 인정받고 있지 않아' 하고 열등감에 시달리는 사람에게

心無罣礙 (33)

온 세상을 아무리 둘러봐도, 완성된 인간은 한 사람도 없다.

"심무가애無心罣礙"의 "가애"란, '장애' '얽매임'이라는 의미이다. 어쩐지 마음이 무겁다, 마음이 아프다, 마음이 힘들다, 괴롭다, 우울하다… 그런 느낌들은 마음의 이곳저곳에 장애가 있을 때 생긴다. 장애, 즉 마음의 장벽이 있게 되면 교통체증이 생길 때 흐름이 사방으로 막히듯이 마음도 정체된다. 혈액으로 치자면 걸쭉한 상태이므로 잘 흐르지 않아서 괴롭게 된다.

소년 시절, 나는 열등감이라는 마음의 장벽으로 인해 매우 힘들어했다. 형태를 지니지 않아 볼 수는 없었지만, 몸속에서 열등감이 자꾸만 솟아나와 도무지 멈추지 않았다. 열등감은 공부를 할 때도 동료와 오토바이를 타고 돌아다닐 때도 늘 나를 따라다녔다. 앞에서 했던 이야기와도 겹치지만, '나는 좋은 애가 아니야'라든가 '내 일 따위는 누구도 인정해주지 않아'라고 하는 주눅든 생각이 나의 열등감을 증폭시킨 하나의 원인으로 작용했던 면도 없지 않아 있었다.

앞에서 이야기한 사고로 인해 2주간 생사를 헤매고, 겨우 의식이 돌아온 직후의 일이었다. 정신을 차리자 뇌좌상腦挫傷의 후유증으로 나 자신이 산산조각나버린 것처럼 위화감을 느꼈다. 나중에는 나 자신을 도저히 통제할 수 없는 지경까지 이르고 말았다. 병원 탈주 사건을 일으켰던 것이다. 원래부터 허리케인처럼 폭풍우를 일으키며 돌아다녔던 아이였기 때문에, 병원에 붙박여 있는 상황 자체를 참을 수 없었다. 그래서 파자마 차림으로 탈주해버렸다. '그래, 도망쳐야 겠다'라고 하는 생각이 든 순간 자제할 수 없었던 것이다.

병원 밖으로 나오자 마침 가까이에 세워져 있는 세탁소의 차가 눈에 들어왔다. 차 안에 사람의 모습이 보이지 않아 그 속에 있던 바지와 셔츠를 꺼내서 얼른 갈아입고, 그대로 시치미를 뚝 뗀 얼굴로 비실비실 걷다가 민가에 뛰어들어가서는 대담하게도 "밥을 먹게 해주세요"라고 부탁했다.

집주인은 의아스러운 얼굴로 나를 쳐다보더니 '중학생 정도쯤 되어 보이는데 무슨 일이지' 하는 눈치였다.

“중학생?”

“학교는?”

“무슨 일이 있었니?”

이렇게 재빨리 이것저것 묻더니 나 몰래 곧바로 학교에 연락을 취한 모양이었다. 식사를 하고 있는데 선생님이 급하게 뛰어들어왔다. 선생님이 나를 보는 눈이 분명히 전과는 달라 보였다. 굳이 말한다면, 애처로운 시선 그 자체였다. 마음속으로 ‘저 이노우에 군은 정말로 이상해져 버렸네’라고 느끼고 있는 듯한 시선이었다.

그때까지 어른들로부터 쭉 우등생 대접을 받아왔던 나로서는, 태어나서 처음으로 받아보는 부정적인 시선이었다. 어른의 시선에 대해 아이들은 대단히 민감한 법이다. 쇼크였다. 그 순간 내 속에서 열등감이 단숨에 확 번져버린 듯한 기분이 들었다. 열등감에 점령된 마음은 깊은 상처를 입어 장벽투성이가 되었다. 그 때문에 안절부절 못했고 침울해하며 주위의 어른들 앞에서 잔뜩 주눅 든 모습을 보이기도 하고, 누군가에게 마구 역정 따위를 내어서 불쾌감을 퍼뜨리고 다니기도 했다.

내 경우는 퇴원 후에 ‘어차피 사고로 머리를 다쳐서 유급이다. 그렇다면 싫어하는 인간이 되어준다’라고 생각하고, 가족과 전혀 말을 섞지 않고 식사를 하거나, 때론 토라져서 내 방에만 틀어박혀 지내기도 했다.

그런가 하면 특별하게 사람들이 나에게 해코지하는 것도 아닌데도 모두가 나를 시시한 인간으로 생각하고, 나쁜 소문을 퍼뜨리고 다니는 것 같아 인간 불신에 빠지기도 했다. 그 당시 내 주위는 온통 적 투성이였다.

여러분은 자신이 누구에게도 인정받지 못하는 사람이라는 생각이 들어 심각하게 괴로워했던 경험이 없는가? '상사 OO씨는 동료인 XX만 이뻐한다. 도대체 나는 뭐야.'

'부모님은 형님이 더 우수하다고 생각하신다. 도대체 나는 뭐야.'

'어차피, 어차피'의 악순환에 빠지지는 않았는가.

마음의 '가애＝장애'가 왜 나타나느냐 하면, 분별의 세계에 푹 빠져서 살고 있기 때문이다. 누군가와 비교함으로써 제멋대로 흑백을 가리며 열등한 자신에게 초조해지는 것이다.

다시 말하지만 **비교하지 않으면 마음의 답답함은 없게 된다.** 분별이라고 하는 장벽의 원인을 없애게 되면, 마음의 교통체증도 해제되고 만다. 마음에 장애가 없는 상태인 "심무가애"가 되면, 생각은 술술 흘러나온다. 갑갑한 벽이 없어지면 발상도 자유롭게 되고, '다른 사람이 자신을 어떻게 보는가'에 따라 갈팡질팡하지 않는다.

"심무가애 무가애고"의 뒤에 이어지는 구절은 "무유공포"로, 공포가 없다고 하는 의미이다. **마음의 장애만 없게 되면, 공포도 없게 된다는 것이다.**

열등감으로 똘똘 뭉쳐 있던 무렵의 나는, 우등생이라는 둥글고 예쁜 돌에 사로잡혀 있었다. 둥근 돌이 되지 못한 자신이 두려움이었다. 그러나 승당 생활을 거치며 둥글고 예쁜 돌만으로는 시시하다는 것을 깨달았다. 나 자신이 뾰족한 돌이 되었기 때문에, 세간에서 나쁘다고 불리는 동료들과 어울리게 되고, 수십만 사람들 가운데 한 사람이 체험할까말까한 승당 체험을 하게 되었던 것이다. 둥근 돌로만 지내와서 세상의 일면밖에 보지 못하는 편협한 인간이 되어 있었던 것은 아닐까. 누군가로부터 부정 당하는 경험을 해보지 못했다면, 세상으로부터 낙인 찍힌 사람의 기분도 알지 못했을 것이다. 그렇게 생각할 수 있는 여유가 생기자, 열등감은 내 속에서 차츰차츰 작아져 갔다. 본래부터 쓸모 없는 인간은 없는 법이다. 그리고 계속해서 우등생인 둥근 돌로만 사는 것도 시시하다. 온 세상을 다 둘러봐도 사실 완성된 인간은 단 한 사람도 없다. 그렇게 생각하지 않는가?

인간 관계 때문에
고민하고 있는 사람에게

無眼耳鼻舌身意 (22)

관점을 바꾸면, 사람을 보는 방향도 180도 이상 변한다.

'동료 A씨와는 아무래도 마음이 맞지 않다. 같은 서클의 B씨는 아무래도 싫은 상대이다.'

어떤 누구라도 싫어하는 사람 한두 사람은 있기 마련이다. 어떤 때는 신경을 거스르는 말 한마디로 인해, 갑자기 그 상대가 싫어져버렸던 적도 있을 것이다. 예를 들면 자신이 좋아서 검은 옷을 입고 있는데, 어떤 누군가가 "검은 옷밖에 없니?"라고 기분 나쁜 말투로 했다면 몹시 신경이 거스르게 된다. "OO지방 사람은, 무언가 어두운 구석이 있어…"라고 자신의 출신 지역에 대해 부정적으로 말한다면, 어떤 누구라도 즐겁지 않다.

승당 시절, 나는 선배에게 이끌려갔던 어떤 상점의 점원에게서 이런 말을 들었다.

"당신은 도둑의 눈을 하고 있군 그래."

도둑의 눈! 하도 진지하게 말해서, 마음이 꽤 착잡했던 일을 아직도 기억하고 있다.

나쁜 놈인 체하던 시절에 물건을 사는 척하고 훔치는 흉내를 낸 적은 있었지만 대놓고 도둑 취급을 받은 것은 처음이었다. 당연히 그 점원의 모든 것이 싫어졌다. 그리고 누군가의 말 한마디가 마음을 찌르는 흉기가 됨을 절실히 깨달았다.

이와는 반대로, 말 한마디에 목숨을 건진 일도 있다. 승당의 대선배에게 들은 "자네는 큰 인물의 얼굴상이야"라는 말이었다. 나라고 하는 인간에 대한 평가도 한쪽은 '도둑', 다른 한쪽은 '큰 인물'이라고 판이하게 달랐다.

내 경우만 봐도 알 수 있듯이, 사람의 평가는 사람의 눈에 비친 인상에 따라 제각각이다. 그러나 우리는 그러한 평가에 일희일비한다. 게다가 좋은 평가를 해준 사람은 '좋아하고', 나쁜 평가를 해준 사람은 '싫어하는' 것처럼, 이번에는 내 쪽에서 상대를 평가하기 시작한다.

"무안이비설신의"의 번역은 "눈도, 귀도, 코도, 혀도, 몸도, 의식도 없다"이다. 인간은 '안, 이, 비, 설, 신(피부), 의(마음)'라고 하는 신체기관을 가지고 있고, 이러한 기관과 그것이 활동하는 것을 '육근(여섯 가지의 감각기관)'이라고 말한다.

《반야심경》은 이러한 여섯 가지 감각도 '없다'라고 부정하고, 뒤의 **"무색성향미촉법"**(6경)과 대응하면서, 6근이 감지한 대상, 즉 "색과 형상도, 소리와 음도, 향과 냄새도, 맛도, 피부 감각도, 의식의 대상도 없다"라고 부정하고 있다. 우리들의 여러 가지 감각은 모두 실체가 없기 때문에, 하나하나의 감각에 일일이 얽매이지 말라고 가르치고 있는 것이다.

인간은 유능한 감각기관을 가지고 있는 덕분에, 외계의 많은 정보를 받아들여 마음으로 느끼는 것이 가능하다. 그러나 한편으로는 받아들인 정보로부터 괴로움, 미혹, 고민이라는 것도 만들어낸다.

좋아하는 것을 먹으면 '맛있다', 아름다운 꽃을 보면 '예쁘다'라고 느껴 행복한 기분이 되기도 하지만, 반대로 '맛이 없다'와 '더럽다'라고 느껴져 불쾌하게 되는 경우도 있다. 혹은 나도 체험한 바 있는데, A씨가 느낀 것을 B씨에게 전달한 결과, B씨가 매우 상처를 입는 경우도 있다. 좋아함 · 싫어함, 좋다 · 나쁘다, 크다 · 작다, 길다 · 짧다, 깨끗하다 · 더럽다, 밝다 · 어둡다, 위 · 아래, 부자 · 가난 등 등… 이러한 차별들은 감각기관이 정보를 포착하는 데서 생겨난다.

감각기관은 죄를 만들기도 하고, 여러 가지 인간관계에 작용하는 알력의 원인이 되기도 한다.

또 우리는 학력, 직업, 가문, 직위라고 하는 정보를 통해 상대방에게 우열과 상하를 매긴다. 예를 들면 누구누구가 '대기업 OO사의 중역'이다, '본가가 자산가'다, '아버지가 의사'이다 등등을 들으면, 보통 우리는 '와, 굉장하다'라고 생각한다. 또 들어가기 어려운 'OO대학 졸업'이라고 들으면, 이 역시도 '굉장한 사람'이라고 생각한다. 이렇게 정보를 알고 난 전후의 견해가 변한 적이 있을 것이다. 이로부터 차별은 생겨난다.

인간은 무엇이든지 대립하는 개념으로 파악하는 이원론적 사고를 하기 때문에, 받아들인 정보를 무조건 판별하려고 한다. 그렇지만, 이러한 대립 개념은 모두 우리가 생활하면서 상황에 따라 결정한 것에 지나지 않는다. 붉은 것도 파란 것도, 단 것도 매운 것도, 알맞게 이름을 붙인 것에 지나지 않는다. 본래 그러한 것에는 실체가 없다. 여기에도 있고 저기에도 있어, 사실은 어디에도 없는 것이다.

물론 현실 문제를 다룰 때는 대립적인 사고를 완전히 피할 수 없지만, **'실제론 있지 않다'라고 생각할 수 있기 때문에, 일일이 느낀 것에 휘둘리지 않게 된다.** 그러면 누군가의 한마디에 상처입은 마음을 신속하게 치유할 수 있다. 구설수에 올라도, 무엇을 들어도, 그 '무엇'에 실체 따위는 없기 때문에 그 즉시 물에 흘려보내 버려라. 그것이 인간관계를 부드럽게 하는 지혜이다.

또는 '이 사람이 정말 싫다, 거북한 상대다'라고 생각이 들 때는, 지금까지의 필터를 떼어내고 상대를 완전히 다른 각도에서 보는 것도 《반야심경》에서 가르치는 마음의 지혜를 효과적으로 응용하는 방법이다.

'싫다'와 '거북한 상대'는 자신의 작은 세계 속에서 판별한 것에 불과한데, 이것에 따라 우리는 제멋대로 불쾌감을 느끼거나 안달복달하며 살아간다.

괴로워하면, 몸에도 좋지 않다. 그래서 일단 필터를 들어내고 완전히 다른 방향에서 상대의 다른 얼굴을 찾아보는 것이다. '싫다'와 '거북한 상대'라고 판단했다면, 반대로 좋은 요소도 반드시 있을 것이다. 가령 90퍼센트는 싫더라도, 남은 10퍼센트에는 좋아질 가능성이 열려 있다. 가정, 연인, 친구, 상사와 부하 등과의 인간관계에서 지금 힘들어하고 있는 사람은, 반드시 적용해보기 바란다.

'무엇을 위해 하고 있는 걸까?' 하고 멈춰서 있는 사람에게

無受相行識 (19)

**본래 '하지 않으면 안 되는 것'은 아무것도 없다.
'여기까지 하면 좋겠다'도 없다.**

'무엇을 위해 하고 있는 걸까?' 하루하루의 일과 공부에 맹렬히 쫓기다가 문득 그렇게 생각한 적은 없는가? 대부분은 '마, 됐어' 하며 그러한 생각을 쫓아내버리지만, 어쩌다가 골똘히 생각하게 되면 머리가 혼란스러워진다. 무엇을 위해 하는지 하여튼 알 수가 없다.

나 역시도 청소년 시절에 그런 의문을 자주 품었다. 예를 들면 고등학교 수험 준비를 위해 한창 공부하고 있을 때도 그랬고, 오토바이를 타고 싸돌아다닐 때도 그랬다. 그리고 승당 시절 좌선에 몰두하고 있을 때도 문득문득 그러한 생각이 찾아들었다. 그때는 모든 것이 괴롭고 힘든 때였다.

'무엇을 위해?'의 답을 찾아보았다. 수험 공부는 지망교에 합격하기 위해서, 라고 하는 확고한 목적이 있었다. 그러나 고등학교에 가는 이유에 대해 더 깊게 파고들자 정확한 대답을 찾을 수 없었다.

그럴 때마다 나는 항상 선의 세계로 이끌어준 스카와라 화상이 해준 말을 생각하곤 했다.

"하지 않으면 안 되는 것은 아무것도 없다."

"지금 죽는다면, 하고 싶은 것을 해라."

그래서 가능한 한 지금 하고 싶은 것을 했고, 그랬듯이 마지못해서 해야 하는 것은 되도록 하지 않으려고 애써왔다.

《반야심경》의 **무수상행식 無受相行識**은 실체가 없는 공의 세계에서는 '감각도 상념도 의지도 판단도 없다'라고 하는 의미이다. 마음의 움직임을 여기에서는 모두 부정하고 있는 것이다.

우리는 레스토랑에서 맛있는 요리가 나왔을 때, 맨 먼저 눈으로 보고 '맛있어 보인다'라고 느끼고(수), '어떤 맛일까?' 하고 상상하고(상), 그리고 먹으면서 '맛있다'라고 느끼고(행), '또 여기에 와야지'라고 계획(식)하곤 한다. 즉 하나의 요리를 둘러싸고, 감각, 상념, 의지, 판단 등이 각각 작용하여 마음 상태는 시시각각 변한다. 마음에 불변의 실체 따위는 없다는 것을, 이러한 예를 통해서도 새삼스럽게 알 수 있다.

골똘히 생각해보면, 공의 세계에서는 '이것은 이렇다', '이렇게 하지 않으면'이라고 하는 기준도 마음도 없다. 그러나 생활 속에서 해야 할 일에 쫓기고 있으면, 결국 '하지 않으면'이라고 하는 생각에 사로잡히고 만다. 그러면 더욱더 해야 할 일이 무겁게 덮치고 눌러서 괴롭게 된다. '하지 않는다면. 그래도, 할 수 없는. 왜, 이러한 것을…?' 이렇게 단단하게 억눌린 상태에서 해방되는 방법은 하여튼 괴롭고 고통스럽다는 생각을 벗어던지는 것이다. 원점으로 돌아가 '눈앞에 닥친 일에 전심전력을 다한다'로 바꾸어보라. 억지로라도 스위치를 바꾸어보는 것이다. 그러면 똑같은 공부고 일일지라도, 정체해 있던 마음이 조금씩 풀리며 흘러가게 된다.

때로는 막힘을 느끼는 때일수록, 한 발짝 물러서는 것보다 오히려 일보 앞으로 돌진해나갈 필요도 있다. 도망치는 것보다 전진하는 게 낫기 때문이다. '하지 않으면'이라고 힘겨워하고 있던 대상에 억지로 쿵 하고 부딪혀보는 것이다.

그것은 못난 자신과 악수하는 방법이기도 하다. 대상과 일체가 됨으로써 괴롭고 힘든 생각을 없애고 새로운 길을 여는 것이다. 다시 말하면 '무심'해지는 것이 정체기를 극복하는 지혜인 것이다.

그렇다면 우리들 인생의 목적지는 어디에 있는 것일까? 공부와 일, 어디를 향해 가야 좋을 것일까? '하지 않으면 안 되는 것'이 아무엇도 없는 것처럼, 무엇을 완수한 사람에게도 '여기까지 하면 그만'이라고 하는 것도 사실은 없다. 수행도 그러하다.

"백척간두百尺竿頭에서 어떻게 하든 걸음을 내디뎌라."

이것은 지금으로부터 천 년 전, 중국 송대에 활약했던 석상石霜 화상*이 제자에게 해주었던 말이다. 대강의 뜻은 '백척이나 되는 장대의 꼭대기에서 한 걸음 발을 내디뎌라'이다. 백척간두란 깨달음의 경지를 가리키나, 그 경지에 머물지 말고 한 걸음 더 내디뎌 자신을 막다른 곳까지 몰아붙이라고 하는 뜻이다.

'깨달아야지'와 '깨달았다' 따위에 얽매어 있으면, 깨달음의 경지에 결국 안주하고 싶어져 그곳에 집착하고 만다. 진정으로 자유로운 경지로 나아가기 위해서는 깨달음에도 사로잡히지 말고, 언제나 일보 앞으로 내딛는 것이 중요하다고 하는 의미이다.

이 세상은 항상 변화 생멸하고 있다. 그 흐름에 따라 우리도 발걸음을 내디뎌, 지금 눈앞의 일에 전력투구하는 것이 당연한 이치이다. 그래야 그런 노력들이 겹겹이 쌓여서 오늘도 내일도, 그리고 앞으로도 계속해서 성장을 해나갈 수 있다. 살아 있는 이상, 인생의 목적지는 정말로 없지 싶다.

---

* 986~1040. 송나라 때의 임제종 스님으로 황룡 혜남과 양기 방회를 배출했다.

돈 걱정이
끊이지 않는 사람에게

不增不減 (17)

아무리 불안하더라도, 태어나서 죽을 때까지 "인간본래무일물"이다.

우리는 돈이 늘고 줄어듦에 따라 일희일비한다. 줄어들면 불안하고 돈이 없으면 확실하게 좌불안석한다. 그런 불안을 해소하기 위해 우리는 저금을 하고 자산운용을 한다. 참으로 불가사의한 것은 돈이 늘어도 불안은 불안이고, 근심은 근심이다. 그뿐 아니라 돈이 늘어나면 늘어날수록 또 다른 불안감이 증대한다.

지금 가지고 있는 자산을 어떻게 하면 줄어들지 않게 할 것인가? 애써 모은 돈을 빼앗기면 어떡하지? 좋은 집의 보안을 어떻게 할까? 불안의 씨앗은 오히려 자산과 비례하듯이 늘어난다. 욕망과 불안은 마치 술래잡기라도 하는 양 항상 맞물린다.

그런데 돈이 늘었다 줄었다 하는 기준은 어디에 있는 것일까? 이
것은 또 사람에 따라 천차만별이다. 지금 일본의 급여소득자의 평균
연수입은 437만엔* 정도 되는데(2005년 일본 국세청 조사), 그 금액을
정말로 평균적이라고 느끼는 사람이 있는가 하면, 적거나 많다라고
느끼는 사람도 있을 것이다. 또 그때그때의 자산 상황과 마음 상태에
따라서, 똑같은 금액이 적게도 많게도 느껴질 것이다.

《반야심경》은 증감의 감각을 전혀 믿을 수 없는 것이라고 가르친
다. "부증불감不增不減"은 늘지도 줄지도 않는다, 즉 물질의 증감이
라고 하는 현상도 공이고, 실체가 없다고 하는 것이다. '늘었다'도
'많다'도, '줄었다'도 '적다'도 우리가 그렇게 느낀 것일 뿐이다, 즉
개개의 작은 자로 판별한 결과이다. 판별하지 않으면, 그러한 현상
은 원래 없는 것이다. 공의 세계에서는 자타라고 하는 분별조차 없
다. 그럼에도 불구하고 우리는 자기 중심으로 세계를 보고 있기 때문
에 자타를 분별하고, 늘지도 줄지도 않는다고 하는 이치를 아예 망각
해버린다. 그래서 자신의 돈과 물질의 증감이라고 하는 것을 고집하
여, 그것에 따라서 불안하게 되는 것이다.

승당에서의 수행 시절, 나는 최소한의 물질만으로 생활하는 체험

---

* 약 6천만 원.

을 직접 해봤다. 돈도 가질 수 없고, 어떠한 생산도 하지 못하는 생활이었다. 많은 사람이 돈과 물질을 늘리기 위해 활동하는 것과는 반대 방식으로 수행 생활을 했던 것이다.

용돈은 물론이려니와 돈 한푼 없고 무언가를 얻으려고도 하지 않는 그러한 생활은 집착이라고 하는 옷을 한 겹 한 겹 벗어던지고, 소유욕에서 떠난 자신과 마주하게 해주었다.

"바라는 것을 모두 버려야만 진정한 자신이 보이는 법이다."

이것은 운수 선배로부터 들었던 말이다.

"인간본래무일물."

인간은 아무것도 가지지 않고 태어나서, 아무것도 가지지 않고 저 세상으로 간다. 큰돈과 물질은 육체가 사라지면 싫어도 손을 놓아야 한다. 어떤 사람도 손에 들었던 것을 계속 가지고 있는 것은 불가능하다. 돈도 물질도 공이고, 영구 불변의 존재는 아닌 것이다.

물론 사람은 살아가려면 적당한 돈과 물질이 필요하다. 그러나 욕심에 사로잡혀 자신의 세계에 갇힌 채 늘릴 생각만 하면서 행동한다면, 그만큼의 불안과 시기도 늘어만 간다. 늘리는 것이 반드시 행복과 직결되는 것은 아니다.

그럼 돈의 많고 적음에 관계없이 행복해지려면 어떻게 해야 할까? 이쯤 되면 독자 여러분도 알 것이다. 늘었다 · 줄었다, 많다 · 적다,

부자·가난뱅이라고 하는 대립적 사고를 과감하게 벗어던져야 한다
는 사실을 말이다.

　돈과 물질은 있다가도 없고, 없다가도 있는 법이다. 계속 존재하
는 것은 없다. 그러한 마음가짐으로 하루하루 생활하고 일에 무심하
게 부딪혀가다 보면 저절로 진정한 풍요로움과 평안함을 얻을 수 있
을 것이다.

'차라리 죽어버릴까' 하고
자살을 생각하는 사람에게

究竟涅槃 (37)

머지않아 죽기 때문에, 일단 죽었다는 기분으로 무엇이라도 해보라.

'차라리 죽어버릴까?'

지금껏 인생을 살아오면서 몇 번쯤 그런 심경에 처해보지 않은 사람은 그리 많지 않을 것이다. 자살을 테마로 이야기를 나누다보면, "사실은 나도, 전에 죽을 생각을 했다…"라고 고백하는 사람이 한두 명이 아니었다.

내 경우만 하더라도 청소년 시절의 어느 땐가에 '이러한 식으로 죽어야지'라고, 자살 시뮬레이션을 해본 적이 있다. 미지마 유키오에의 강한 동경에서, '죽는다면, 깨끗하게 할복'이라고 정해놓았던 것이다. 그런 생각을 갖고 있으면서도 어떤 때는 갑자기 자신이 너무나 한심스럽게 느껴져 모조리 없애버리고 싶은 마음에 빌딩의 옥상까지 비실비실 걸어 올라가서 석양이 지는 거리를 멍하니 내려다본 적도 있었다. 벌써 그때로부터 수십 년이 지났다. 지금은 **'아아, 그때 죽지 않아서 정말 다행이다'**라고 마음속으로 생각한다.

'자살해버릴까? 그렇지 않으면 계속 살까?'

어떠한 선택을 하든지 몇 가지 요인이 복잡하게 연결되어 있다. 내 경우는 선과의 만남이 계속 살아가는 데 큰 버팀목이 되어주었다.

"머지 않아 곧 죽을 것이기 때문에 하고 싶은 것을 실컷 해보아라."

죽을 각오로 고등학교의 입학 시험 공부에 임하고 있을 무렵, 호코쿠지의 스카와라 화상이 해준 이 말이 내 마음에 강렬하게 꽂히더니 그 다음부터는 마음이 아주 편해졌다. '뭐야, 그랬구나. 어차피 죽는 것이었구나. 그렇다면 스스로 죽을 필요가 없겠네.' '곧 죽을 것'이라는 말에 맥이 확 풀려버렸다고나 할까, 그 이후부터는 죽겠다는 생각이 말끔히 사라졌다.

결국 인간은 모두 죽는다. 너무나 당연한 진리인데도 의외로 모두 잊고 있는 것이다.

"구경열반究竟涅槃"의 열반이라고 하는 말은 잘 알려져 있듯이 산스크리트어로는 불어서 끈다는 의미이다. 《반야심경》에서는 우리들의 마음속에 있는 번뇌의 불꽃을 불어서 끈 상태를 가리킨다.

또 '구경'은 산스크리트어로 '구극'과 '극한'의 의미이다. 즉 "구경열반"은 "번뇌를 완전하게 불어서 끄고, 깨달음의 경지에 도달해 있다" 혹은 "평안하게 안주하고 있다"라고 번역할 수 있다.

우리들의 마음속에서는 번뇌라고 하는 불꽃이 계속해서 활활 타오르고 있다. 번뇌는 마음의 편안한 안식을 방해하는 일체의 욕망, 집착, 노여움, 질투 등을 말한다. 그 중에서도 대표적인 것이 '탐貪 · 진瞋 · 치痴'의 삼독이다. '탐'은 탐욕, 즉 '저것을 갖고 싶다, 이것을 갖고 싶다'라고 하는 욕심을 내는 마음이다. '진'은 노여움의 마음이다. '치'는 어리석은 마음이다. 문자적인 의미에서도 알 수 있듯이, 모두 마음의 독소를 가리킨다. 삼독은 인간이라면 누구나 가지고 있는 '독소'이다. 여러분도 지나치게 물질을 탐내거나 누군가의 언동에 화를 내거나 상대가 상처 입을 것 같은 말을 일부러 했던 경험들을 갖고 있을 것이다.

아주 일상적인 비유를 든다면, 바겐세일 매장에 몰려드는 손님들의 마음에는 번뇌의 불꽃이 활활 타오르고 있다. 사고 싶을 정도로 탐을 냈던 물건이 손에 들어오면 한순간 기분이 매우 좋아진다. 하지만 자신의 손에 들어오지 않으면 몹시 불쾌해진다. 그래서 기분이 나쁜 나머지 그 물건을 가져간 사람에게 싫은 소리 한마디라도 하고 싶어진다.

화가 치민다, 잘못해놓고 화낸다 따위로 표현하지만, 이것은 분명히 불꽃이 이글거리는 상태이다. 그러나 불꽃의 세기와 괴로움의 크기는 비례하기 때문에, 활활 타오르는 만큼 괴로움도 크게 된다. 그렇다면 괴로움을 없애기 위해서는 어떻게 해야 할까? 말할 필요도 없이 번뇌의 불꽃을 끄는 것이다.

"구경열반"의 앞 구절 **"원리일체전도몽상遠離一切顚倒夢想"**은, **"모든 것의 분별과 계산에서 멀리 떠나서"**라고 하는 의미이다. "전도몽상"이란 사리사욕에 사로잡혀 판단을 잘못하고, 망상투성이가 된 상태를 말한다. 그래서 사리사욕과 망상에서 벗어나면 번뇌의 불꽃은 저절로 꺼진다. 결국 괴로움의 원인이 사라지고, 그럼으로써 영원의 안락인 평안에 이르게 된다.

내가 선을 실천해온 목적도 완전하게 번뇌의 불꽃을 끄는 데 있다. 청소년 시절부터 선의 스승과 선배님에게서 "자기를 죽여라"라는 말을 자주 들었는데, 자기를 죽인다는 것은 결국 번뇌의 불꽃을 끄는 것과 같은 것이었다.

아직 선의 세계를 기웃거리기만 했을 무렵, 내 마음속에서는 당연히 번뇌의 불꽃이 격렬하게 타오르고 있었다. '나는 쓸모없는 인간이다' 혹은 '차라리 죽어버릴까' 하면서 괴로워했던 것은, 번뇌가 득

실거려 다른 것을 볼 수 없는 상태에 있었기 때문이다. 번뇌는 시야를 점점 좁게 하고, 마음속에 높은 장벽을 쌓아올린다. 그 때문에 점점 '내가, 내가'라고 하는 생각이 된다. 이 '내가'의 껍질을 깨부수지 않는 한, 괴로움으로부터 벗어날 수 없다. 즉 그것은 자기를 버려야만 가능한 것이다.

선종에서는 자기를 죽이는 훈련으로 좌선을 하거나 선문답을 한다. 그러나 **"곧 죽기 때문에 하고 싶은 것을 한다"**라고 하는 발상의 전환은 번뇌를 단절한 다음에 쓸 수 있는 방법이다.

이 말을 해준 스승에게서 나중에는 이러한 말도 들었다.

"항상 마음속으로 '나는 곧 죽는다, 나는 곧 죽는다'라고 외면서 산다면, 하찮은 것에 얽매이지 않게 된다."

그렇다. 죽음은 재촉하지 않아도 언젠가는 반드시 찾아온다. 빨리 올지 늦게 올지는 알 수 없지만, 인간이라면 누구나 죽게 마련이다. 그래서 일부러 '곧 죽는다. 이제 머지않아 죽는다'라고 외우면 마음에 어떤 변화가 일어날까? 나는 눈앞에 있는 시간이 굉장히 중요하게 여겨졌다. 그래서 그 귀중한 시간을 고민하고 괴로워하면서 보내는 것이 무척 아까웠다.

그리고 '죽은 기분이 되어본다'는 실험도 해보았다. 그랬더니 지금의 시간이 더없이 사랑스럽게 여겨졌다. 만약 죽었다면, 혹은 지금 없다'라고 생각하니까 눈앞의 시간이 마치 큰 상 같기도 하고 덤으로 사는 인생처럼 느껴졌다. 순간순간이 상으로 받은 시간이었다. 그렇게 모처럼 받은 상이라고 생각을 하고 나서부터는 될 수 있는 한 그때그때마다 하고 싶은 일에 에너지를 집중하려고 했다.

어떤 때는 선 수행, 어떤 때는 C급 라이센스를 따서 프로복서로, 또 어떤 때는 새로운 사업을 일으켰다. 그리고 노사의 칭호를 받은 지금은, 불교와 선이 지닌 훌륭한 가르침들을 많은 사람들에게 전해주기 위해 집필과 강연 활동을 하고 있다.

다른 사람이 본다면, 참으로 소란스러운 인생이라고 생각할 수 있겠으나, 덕분에 그 이후에는 단 한 번도 '차라리 죽어버릴까'라는 생각을 한 적이 없다.

'죽음'을 생각하면 두려움을 느끼는 사람에게

乃至無老死 (26)

생명의 끝은 파도가 사라져 바다로 돌아가는 것과 같은 것. 사실은 사는 것도 죽는 것도 없다.

나는 일찍이 죽을 뻔했던 경험이 있기 때문에, '그때 만약 죽었더라면?', '만약 블록 벽에 부딪혀 즉사했더라면?' 하고 상상하여 '죽은 기분'이 되는 것이 어렵지 않다. 그후에도 몇 번 더 교통사고를 당하기도 했고, 학생 시절엔 바다에 빠져 죽을 뻔했던 적도 있기 때문에, 죽음은 정말로 언제 찾아올지 모른다고 생각하고 있다.

그러나 정말로 죽었던 적은 없기 때문에, '죽는다면 이렇게 된다'라고 단언할 수는 없다. 지금도 가끔씩 누군가가 교통사고로 인해 의식불명이 되었을 때의 느낌이 어땠냐고 물어오면, 나는 이렇게 대답한다.

"생사를 헤맸던 수 시간 동안은 완전 백지 상태였다. 아무것도 없었다."

그러면 모두들 조금씩 실망한다. 대개는 세 갈래의 내가 있다거나 아름다운 꽃이 흐드러지게 핀 천국의 이야기를 기대한다. 그러나 아무것도 본 것이 없기 때문에 대답할 것이 없다. 확실한 것은, 죽지 않았다는 것뿐이다. 사람은 한 번 죽지 두 번은 죽지 않는다. 이 세상에 한 번 죽었던 사람은 한 사람도 존재하지 않는다.

그래서 두려운 것이다. 누구도 체험한 적이 없기 때문에 말이다. 그래서 사람의 죽음과 죽음을 향해 늙어가거나 병으로 인해 괴로워하는 사람의 모습을 보면 '과연 무섭구나' 하는 생각이 들게 된다.

불교의 개조인 붓다도, 어느 때 불쌍한 모습을 한 노인과 우연히 만난 것이 계기가 되어 '죽음'을 처음 의식하고 커다란 괴로움을 짊어졌다고 한다.

'나도, 그리고 어떤 누구라도 언젠가는 늙은 모습을 드러내게 되겠지. 그런데도 왜 인간은 죽음을 직시하지 않고 눈을 다른 데로 돌리려고 하는 것일까? 왜 죽음을 그렇게 싫어하는 것일까?'

이렇게 붓다도 우리와 똑같이 죽음에 대해 큰 의문을 품었던 것이다. 불교에서는 '생·로·병·사'를 우리를 괴롭히는 '4고四苦'라고 말하는데, 붓다는 이러한 고뇌를 해결하기 위해 출가했던 것이다.

그 물음의 답은 《반야심경》 속에 있다. **"내지무노사乃至無老死"**란 "결국 늙음과 죽음도 없다"는 뜻이다. 늙음과 죽음은 인간에게 가장 큰 괴로움이라고 말할 수 있겠으나, 그것마저도 공이고, 있는 것처럼 없는 것이기도 하다는 것이다. 게다가 다음 구인 **"역무노사진亦無老死盡"**에서 "늙음과 죽음이 없게 되는 것도 없다"라고 설하고 있다. 생사는 있는 것처럼 없고, 없는 것처럼 있다.

이렇게 말해줘도 아직 찡하게 와닿지 않을지도 모른다. 그래서 조금 더 알기 쉽게 하기 위해 '생명'이라는 존재를 바다와 파도의 관계에 비유해보자. 우리들 목숨은 어떤 큰 목숨, 예를 들면 '바다'와 같은 곳에서 잠시 이 세상에 나왔다가 다시 그곳으로 돌아간다. 즉 목숨은 '파도'와 같은 것이다. 사람의 죽음이란 파도가 잠잠해져 바다에 돌아가는 것과 같은 것이라고 말할 수 있다. 무한의 생명에서 태어나 잠시동안 이 유한의 세계에서 살다가 또다시 무한의 세계로 돌아가는 것이 사람의 생사이다.

파도가 일어났다가 바다로 돌아간다고 하는 생멸 현상은 무수한 조건이 상호 관계를 맺는 속에서 이루어진다. 그것이 연기다. 연기라고 하는 무한 네트워크 속에서는 독립적인 실체 따위는 어느 것 하나도 없다. 나도 자아도 없다. 육체가 멸해버리면, 몸과 뼈는 대자연의 흙으로 돌아간다. 이 세상에 있는 모든 것은 무한한 것들 속에서

서로 의지해가면서 살고, 그리고 또 무한한 것들 속에서 소멸해간다.

　나도, 다른 사람도, 태양도, 공기도, 물도, 흙도, 초목도, 모두 살다가 멸하고, 어느 것 하나도 변화를 멈춘 것이 없다. 무한의 과거에서 무한의 미래로 쭉 이어져 있다. 나는 이것을 '위대한 생명의 흐름Great Chain of Being'이라고 부른다. 우리 생명도 역시 이 흐름의 일환이기에 실체 없이 존재하고, '있는 것처럼 없고, 없는 것처럼 있다'라고 말할 수 있는 것이다.

　이 위대한 생명의 흐름을 알게 되면 비로소 우리는 죽음의 공포에서 벗어날 수 있다. 반대로 이 구조를 이해하지 못하면 죽음을 두려워하게 된다.

　무릇 죽음의 공포라고 하는 것은, 이 우주의 법칙을 이해하지 못한 채 조그만 자기 존재에 집착하는 데서 비롯된다. '죽고 싶지 않다, 불로불사의 묘약을 갖고 싶다'라고 바라는데도 뜻대로 되지 않기 때문에 괴롭게 되는 것이다. 또 죽음의 공포가 있기 때문에 삶에 집착하는 것이라고도 말할 수 있다.

　그러한 집착에서 벗어나게 되면 당연히 괴롭지 않게 된다. 위대한 생명의 흐름과 함께 한결같이 살아갈 수만 있다면, 하루하루가 굉장히 평안할 것이다. 평안하게 살고 난 뒤, 원래의 바다로 마음 편하게 돌아갈 수만 있다면 그것보다 더 좋은 게 어디 있겠는가. 번뇌의 불꽃을 불어서 꺼버린다면, 죽음의 공포조차도 사라지는 것이다.

그런데 사후의 세계는 있는 것일까? 그렇지 않으면, 죽는다면 그것으로 끝나는 것일까? 어느 것도 그렇다고도 말할 수 있겠으나, 틀렸다고도 말할 수 있다. 우리들 생명은 무한의 네트워크 속에서 생멸을 반복하는 존재이기에, 목숨의 끝은 있지 않는 것이다.

어떤 사람들은 불교라고 하면 영혼의 윤회전생을 설하는 가르침이라고 생각하고 있는 사람도 있으나, 사실은 전혀 그렇지 않다. 본래 부처님의 참된 가르침은 '무아'이다. 그렇다. 무엇에도 사로잡히지 말고, 얽매이지 말고, 재지 말라고 했다. 삶에도, 죽음에도, 지옥에도, 극락에도 사로잡히지 않는다. 그렇게 흐르는 마음으로 평안하게 살 수 있도록, 부처님은 공과 연기를 설한 것이다.

선 수행의 하나인 좌선은 '무아'가 되는 레슨이다. 이것은 즉 '죽는 연습'이라고도 말할 수 있다. 자신이라는 작은 세계의 벽을 넘어 대우주와 일체가 되는 레슨이다.

나는 매일 아침 요코하마의 오산바시大さん橋* 가까이에서 좌선을 하는데, 그때마다 주변 풍경과 생명체와 내가 일체가 되어 자신이 사라져버리는 체험을 한다. 이 상태에서는 오산바시도 꽃도 오렌지색

---

* 요코하마 항구에 설치한 부교로 1894년에 만들어진 국제터미널을 이렇게 부른다.

혹은 황색 혹은 물색으로 시시각각 색이 변해가는 하늘도 모두 하나
가 되고, 의식과 몸도 다른 것들과 서로 어울려 있다. 이런 상태는 직
접 체험해보는 것이 최고인데, 몸이 황홀해질 정도로 쾌감이 찾아온
다. 그때 자신이 대자연과 대우주의 네트워크 속의 일부임을 체감하
게 된다.

죽는 연습을 하면서 내가 느낀 것은 '죽음은 상당히 기분 좋은 것
이다'라고 하는 것이다.

정말로 하고 싶은 일을
찾지 못하는 사람에게

羯諦 (50)

분별이라는 자를 버리면, 여러 가지 일이 보이게 된다.

가마쿠라의 선사에서 난생 처음으로 《반야심경》을 독경했을 때, 인상 깊게 와닿았던 것은 이 경을 매듭짓는 "**아제羯諦**"라는 두 글자였다. 의미도 알지 못한 채, 다른 사람과 소리를 섞어 이 경을 읽었는데, "**아제아제바라아제羯諦羯諦波羅羯諦**"라는 곳에서 독경 소리가 일단 높아졌다. 수십 명이 아랫배에서 나오는 소리로 《반야심경》을 독경하면 꽤 박력 있는 대음향이 되었다. 나도 그런 소리에 섞여 작은 소리로나마 《반야심경》을 독경해봤는데, 의외로 마음이 풀리는 느낌이 들었다.

그런데다 대음향 속에서 어우러져 독경을 하니까, 무엇보다 쓸데없는 잡생각 따위가 생기지 않았다. 테스트가 어떻다든가, 어제 누군가에게 싫은 소리를 들었다든가 하는 것들은 어딘가로 날아가버렸다.

당시의 나는 머리끝에서 발끝까지 주눅이 잔뜩 들어 있었는데 "아제"와 함께 열등감덩어리도 일소되었던 것일까? 오랜만에 좋은 기분이 들었다. 지금 생각해보면, 그때 나는 '무無'의 경지를 체험했던 것이리라.

소리를 내면 기분이 좋아진다는 것은 여러분도 일상생활 속에서 직접 체험하고 있을 것이다. 예를 들면 가라오케에서 큰소리를 내면, 일상의 스트레스가 발산되어 기분이 산뜻해진다. 또 배를 잡고 웃고 나면 상쾌해진다. 소리는 마음을 정화시키는 힘이 있는데 소리내어 책을 읽는 것만으로도 우리는 그 소리의 힘을 직접 체험해볼 수 있다.

그뿐만 아니라 《반야심경》의 "아제"에는 번뇌의 불꽃을 불어 끌 만큼 불가사의한 파워를 지니고 있다. 그래서 나는 "아제"를 '열등감덩어리의 특효약'이라고 부른다.

자신이 하고 싶은 일이 뭔지 모르고 꿈도 없고 도대체 자신이 어떤 사람인지 잘 모르고 자신에게 어떻게 해야 할지 잘 모를 때, 이 "아제"는 틀림없이 특효약이 되어줄 것이다.

그런데 "아제"란 어떤 말일까? 1장에서도 이미 조금 언급했으나, 한마디로 말하면 '성스러운 말'이자 '일종의 주문(진언, 다라니)'이고, 산스크리트어의 '가테'를 그대로 음사한 것이다. "아제"부터 "모지사바하菩提薩婆訶"까지의 구는 모두 음사로, 음독하면 "아제 아제 바라아제 바라승아제 모지사바하"가 된다.

한문으로 번역되어 있지 않는 이유는 이 말 자체가 신비한 힘을 지니고 있어서 번역하면 그 신비한 힘을 잃어버리고 말지도 모르기 때문이다. 그래서 말의 의미에 너무 얽매이지 않고 읽어도 된다.

굳이 "아제"를 번역한다면 "가다" 혹은 "가는 사람이여" 쯤으로 옮길 수 있다. 알기 쉽게 말하면, "깨달음의 세계로 가는 자여"가 된다. 즉 이 주문을 외우면 "모두 함께 평안한 세계로 가자. 갈 수 있다"는 뜻이다.

《반야심경》은 처음부터 "이 세상의 모든 것에는 실체 따위가 없다"라고 하는 부정의 언어가 이어지고 있으나, 후반부는 긍정적이다.

마치는 말인 "사바하"는 "행운이 있어라" 혹은 "행복한 일이다"라는 뜻이다. 여기에서 흐린 하늘과 같던 마음은 시원하게 맑게 갠다. 부처님이 가르친 공의 세계를 이해하고, 마음의 지혜를 실천하면 번뇌는 없어지고, 마지막에는 마음에 한 점의 거리낌도 없이 평안하고 기분 좋은 곳으로 갈 수 있게 된다.

나는 마음이 안정되지 않을 때, "아제"부터 시작하는 마무리의 구만 외운다. 그러면 기운이 폴폴 생기기 때문이다. 젊었을 때는 자주 '제기럴'이라는 생각을 이 말에 얹히기도 했는데 그러면 제기럴이 어딘가로 날아가버렸다. 또 일하러 가기 전에 "아제"를 외우니까 의지가 한층 충만하고 높아질 뿐더러, 생각지도 않은 인맥이 연결되어 바라던 일이 계획대로 잘 이루어진 적도 있었다.

여러분도 《반야심경》을 배우는 첫 걸음으로, "아제"에서 시작하는 마지막 구절만이라도 소리내어 외워보기를 권한다. 인상적인 소리가 이어지기 때문에 간단하게 외울 수 있을 것이다.

이 모순투성이의 세상에서 인생의 고민과 의문은 정말로 끝이 없다. 가만히 있으면 자신의 꿈조차도 찾을 수 없게 되어버린다. 주위에서 좋다고 말하는 생활 방식을 선택하고, 주위에서 좋다고 하는 인간을 계속 연출한다고 해서 꿈을 꾸게 되는 것은 아니다. 어쩌면 사람을 사랑하는 마음의 여유조차 없어져버릴지도 모른다. 이런 상태로는 웬만큼 돈과 물질이 있어도 만족할 수 없다.

자신을 둘러싼 작은 세계의 작은 자를 버리면, 자신이 그렇게 되고 싶고 하고 싶은 본래의 자신의 꿈과도 핀트가 맞아간다. 버릴 만큼 버리면 자아의 두꺼운 벽에 가려져 있던 본래의 자신이 불쑥 모습을 나타낸다. 그리고 당신의 심안心眼, 즉 진실을 보는 눈이 열리게 된다. '어, 이것이 나 자신!?' 그런 큰 발견이 있을지도 모른다. 본래의 자신은 다른 사람과의 다름에 상관없이 있는 그대로, 그리고 오로지 자유로운 경지에서 살아가고 싶어한다.

마음을 자유롭게 디자인하라

나의 하루는 오늘도 《반야심경》을 읽으며 시작했다.

"아제 아제"로 기합을 넣고, 언제나처럼 집 밖에서 두 마리의 애견과 함께 좌선을 한다. 주위 사람의 눈에는 '조금 이상한 아저씨'로 비칠 것이다. 걱정하지 마라, 걱정하지 마라. 곧 자타가 하나가 되어 무아의 경지에 다다르면, 걱정이 되는 것도 걱정이 되지 않는 것도 없어져버리고 만다. 거기에 세상의 기준은 없다.

좌선과 산보를 하고 나서는 팀에 나가 복싱으로 한바탕 땀을 흘린다. 물론 일도 한다. 복싱은 학생 때부터 줄곧 해온 것으로 샌드백을 실컷 두드리고 있으면 마음이 무심해진다.

잘 외우고, 잘 앉고, 잘 행동하고, 잘 잊는다. 이 모든 것들을 무심하게 한다. 필요 없는 것은 일부러라도 자꾸 잊으려 한다. 이렇게 정과 동의 시간을 왔다갔다하면서 마음을 가볍게 하는 것은, 빼놓을 수 없는 나만의 건강법이라고 할 수 있다.

이 책에서 이미 전해줬듯이, 우리 인간이 가진 대표적인 특징 가운데 하나는 좀처럼 잊지 못하는 것이다. 즉 버리지 못하는 것이다. 또 세상의 기준에 휘둘리고 마는 것이다.

만물은 머무는 바 없이 움직이고 있는데, 유독 인간의 마음만은 집착하고, 지나간 장소에서 언제까지나 의식의 뿌리를 질질 끌고 돌아다니고 있다. 그렇기 때문에 부처님은 그런 우리 인간들에게 산 지혜를 주신 것이다. '사로잡힘, 얽매임, 재기'에서 떠나 사람들이 평안하게 살아갈 수 있도록, 《반야심경》에서 공과 연기의 구조를 설했던 것이다.

인간은 누구나 미숙하다. '완성품'인 인간은 이 세상에 한 사람도 없다. 물론 나 역시도 아직은 미완성품이다. 어느 정도 수행 경력을 쌓았다 해도 계속 수행 중에 있으므로, 미완성의 상태는 생애 내내 계속된다. 우리는 그 미숙함을 알고, 마음의 흐름을 맑게 하면 좋을 것이다.

집착에서 100퍼센트 떨어져 있는 것은 불가능하지만, 버리면 버릴수록 마침내 만족하게 된다. 홀가분하게 있을수록 인생은 재밌어진다. 그러면 내면의 바다도 더불어 풍요로움으로 넘쳐나기 시작한다.

예전에 나는 마음을 좀더 가볍게 하고 싶어서 살아오면서 받았던, 초등학교에서 대학까지의 졸업증서를 모두 버렸던 적이 있다. 그뿐만 아니라, 지금까지 취미로 취득해온 갖가지 라이센스 증서도 대부분 내다버렸다.

"아깝다."

"애써 받은 것인데 왜?"

대부분의 사람은 입을 벌리고 놀랐으나, 깊은 의미는 없었다. 증서를 단념하고 버림으로써 학력과 직함이라고 하는 집착에서 벗어나 앞으로 나아가고 싶다고 생각했을 뿐이다. 이것은 일종의 나만의 방식이다. 이렇게 형상이 있는 주변의 물건부터 하나씩 버리는 것도 집착에서 벗어나는 하나의 방법이다. 이 방법은 마음을 버리는 것도 훨씬 수월하게 해준다.

되도록 마음의 짐을 가볍게 해라. 그래야 지금부터의 인생을 경쾌하게 걸어갈 수 있다. 그것을 위해 위대한 마음의 지혜를 담고 있는 《반야심경》을 뜻깊게 널리 사용해보자. 그러면 단지 262자로, 여러분의 마음을 자유롭게 디자인할 수 있을 것이다.

2007년 5월

이노우에 기도 합장

《반야심경》의 힘

　《반야심경》을 만난 지 30년이 지났다. 어려운 한자 용어에 무슨 뜻인지도 모르면서 해설문을 읽은 기억이 있다. 공空과 무無. 아리송하고 헷갈리는 용어 해설을 읽으며 막연히 이러한 것이려니 하고 짐작만 했었다. 그 의미를 관념적으로나마 이해하는 데는 많은 시간이 걸렸다. 조계종에서는 각종 의식에서 이 경을 독송하고 있다. 축원할 때도 이 경을 외우고, 애도하는 의미로도 이 경을 외운다. 그래서 불자라면 너무나 친숙하여 그 의미를 새롭게 새기는 데 소홀하지 않았나 싶다.

　이 책을 만났다. 주문처럼 외우던 《반야심경》이 나에게 새롭게 다가왔다. 《반야심경》의 뜻을 몸으로, 체험으로 깨닫고 생활화한 저자

의 글이 무척이나 참신했다. 실생활에 활용한, 살아 있는《반야심경》
을 만난 것이다. 저자는 14세에 처음《반야심경》을 만나 인생의 중요
한 고비를 넘는 길잡이로 삼았다. 우리가 의식용으로 독송용으로만
알고 있는《반야심경》이 저자에게는 등불이자 희망이었던 것이다.
별다른 생각 없이 외우던 이 경이 한 사람의 인생을 바꿀 수 있었다
는 데 놀라지 않을 수 없었다.

우리는 가정을 꾸리고 자식을 키우면서 혹은 직장 생활을 하면서
혹은 자신의 앞뒤를 돌아보면서 여러 가지 경계에 부딪힌다. 그 경계
를 잘 넘기는 사람도 있지만, 종종 극단적인 선택을 하거나 좌절하는
경우를 주위에서 본다. 이 책은 그런 경계를 잘 넘을 수 있도록《반
야심경》이 어떻게 도와줄 수 있는지를 잘 보여준다.

요즘은 자녀를 한두 명밖에 키우지 않다 보니 아이들이 버릇이 없
고, 참을성도 없는 것 같다. 서구화다 현대화다 해서 우리의 가치가
많이 없어진 탓도 있으리라. 성적 지상주의에 매달려 학교와 학원을
시계추처럼 밤늦도록 왔다갔다하게 하면서 아이들을 사교육에 내몰
기만 할 뿐 인성 교육은 뒷전이다. 이런 안타까운 현실을 쉽게 해결
할 수는 없을 것이다. 그렇지만 자라나는 청소년 불자에게 불교적인
가치, 불교적인 인생관을 형성시키는 데 소홀히 해서는 안 된다고 생
각한다. 아이들이 인내하는 정신을 배우고, 남을 배려하는 사회성을

기를 방도를 마련해주어야 한다. 이 책이 작으나마 그러한 역할을 할 수 있기를 바란다.

처염상정處染常淨. 사바세계에 발을 딛고 있는 우리들.《반야심경》의 힘으로 한 송이 연꽃처럼 피어날 수 있으면 좋겠다.

번역하는 데 격려와 용기를 주신 박효열 대숲바람 사장님, 그리고 번역에 도움을 주신 하라 시노부原 しのぶ 선생님께 감사를 드린다.

나무 마하반야바라밀.

2009년 8월

역자 합장

《반야심경》을 알기 위해

'불타'와 '석가'의 의미는?

《반야심경》은 불타가 설한 불교의 진수로 가득 찬 경이다. '불타'란 산스크리트어(고대 인도의 문장어=범어)의 'BUDDHA'를 음사한 것으로, 그 의미는 '깨달음을 연 사람'이라는 뜻이다. 실제로 존재했던 석가라고 하는 사람이 깨달음을 열어 불타가 되었던 것이다.

'석가(석가모니 부처님)'는 고대 인도의 소국을 지배한 석가족(샤카족)의 왕자 고타마 싯타르타를 말한다. 그는 지금으로부터 약 2,500년 전인 기원전 463~383년경 탄생했다고 한다. 즉, 우리가 잘 아는 석가는 한 종족의 이름인 것이다. 정확하게 말하면, 석가는 '석가모니 세존'으로, 그 의미는 '석가족 출신의 존자'라는 뜻이다. 흔히 줄여서 '석존'이라고 부른다.

석가가 깨달은 날

고타마 싯타르타는 석가족의 왕자로서 풍족한 유소년기를 지냈다. 그러나 생후 7일째에 생모와 사별한 영향도 있고, 원래 다감한 성품이라서 명상을 좋아했다고 한다. 청년기에 접어들자 더욱더 사색성이 깊어져, '인간의 존재란 도대체 무엇인가?', '왜 사람은 태어나서, 늙음과 병듦과 죽음이라는 괴로움을 짊어진 것일까? 그 괴로움을 극복하는 방법은 없는 것일까?'라고 지금의 우리들과 똑같이 고민하고 사색했다. 그리고 29세 때에 성을 몰래 빠져나와 출가했다. 몇 번인가 죽음에 직면할 정도의 고행을 하기도 했지만, 6년 만에 고행의 무의미함을 깨달았다.

고행을 버리고 보드가야의 땅으로 향한 석가는, 한 그루의 보리수 아래에서 좌선을 하고 명상에 잠겨 7일째 새벽, 명성을 보고 드디어 깨달음을 열었다고 한다. 35세 때였다. 중국 및 일본에서는 그날을 12월 8일로 정하고 있다.

《반야심경》의 뿌리

35세에 깨달음을 연 석가(불타)는, 그후 45년에 걸쳐 여기저기서 법을 펼치다가 80세에 돌아가신다(입멸). 최후의 설법에서 남긴 말은 "수행자들이여, 너희들에게 말한다. 모든 것은 변한다. 게으르지 말고 노력하고 힘써라."

이것이야말로 바로 공의 가르침이다. 입멸 후, 석가의 가르침은 제자들에 의해 구술로 전해졌다. 처음부터 경전이 있었던 것이 아님을 알 수 있다. 문자로 기록되었던 것은, 입멸에서 수백 년이 흐른 기원전 1세기 무렵의 일이다. 초기의 대표적인 경전은 중국에서 《아함경》으로 한역된 것이다.

그후 제자들이 해석을 각각 달리하면서 새로운 경전도 계속 만들어졌기 때문에, 불교의 경전은 대략 8만4천 개에 이른다. 기원 전후에는 교단의 부파 분열을 거쳐 '대승불교'가 성립했다. 대승은 '큰 수레'라는 의미로, 중생 구제를 설했기 때문에 중앙아시아에서부터 중국, 그리고 일본에 이르기까지 널리 퍼졌다.

그런 반면 출가자의 구제를 설한 '소승불교(부파불교)'는 스리랑카와 태국 등 동남아시아 여러 나라에 퍼졌다. 대승불교가 성립하자 새로운 대승 경전이 계속 편찬되어, 《반야심경》의 원형이 된 《소품반야경》도 등장한다. 즉 《반야심경》은 대승불교의 경전인 것이다.

이 《소품반야경》을 원형으로 한 경전은 진화해나가면서 반야경으로 널리 퍼져, 대승불교의 발달에 크게 공헌했다.

유명한 《반야심경》 번역가의 정체

《반야심경》과 《서유기》가 깊은 관련이 있다는 것을 알고 있는가? 사실은 《반야심경》의 번역가로 알려진 현장 삼장은 《서유기》의 삼장 법사의 모델이 되었던 인물이다. 현장은 당나라 시대에 활약한 스님으로, 629년에 장안을 출발하여 인도에 들어가 16년이라는 세월에 걸쳐 657부라는 경전을 수집했다. 귀국 후에는 번역 작업에 몰두하여, 산스크리트어로 씌어져 있던 경전들을 하나씩 중국어(한역)로 옮기는 작업을 해나갔다.

《서유기》는 삼장 법사가 손오공 등을 데리고 고난을 극복해가면서 천축(지금의 인도)까지 경을 가지러 간다고 하는 스토리이다. 이는 현장의 위대한 업적이 전기소설이 될 정도로 주목을 받고 있었다는 의미이다.

대승 경전을 대표하는 반야경은 여러 사람이 번역했으나, 특히 현장이 번역한 것을 《대반야바라밀다경》이라고 불렸는데 그 양이 놀랍게도 600권이나 된다. 이것을 전부 독파하려면, 3일간 불철주야해도 끝낼 수 없을 만큼 방대하다.

현장은 수집한 불교 경전의 수뿐만 아니라, 번역량에서도 기록 일색이다. 그리고 600권 반야경의 진수를 270여 자로 정리한 것이 《반야심경》이다.

인도에는 없고 일본에는 있는 《반야심경》 원전

《반야심경》은 고대 인도에서 만들어진 후, 몽고와 티베트 등을 거쳐 마침내 중국으로 가져오게 되었다. 일본에는 중국을 경유하여 건너왔다. 지금 우리에게 익숙한 현장 역의 《반야심경》은 견당사에 동행했던 스님이 나라 시대에 전했다고 한다. 견당사는 당시 선진국이었던 당의 문화를 일본에 가져와 소개했는데, 불교 경전의 수집에도 열의를 보였다.

《반야심경》은 1,000년 이상 긴 여행을 하면서 세계 각지로 널리 퍼져 나갔는데 그 원전도 뜻밖의 여행을 하고 있었다. 세계 최고의 사본은 불교의 발상지인 인도에는 없고 네팔과 일본에 현존하고 있는 것이다. 고대 인도의 산스크리트어로 쓰여진 세계 최고의 사본이 수납되어 있는 곳은 도쿄 국립박물관의 호류지 보물관이다. 원래는 나라의 호류지에 있었는데 국가의 주요 문화재로 지정되면서 현재에 이르게 되었다. 어떤 인물이 일본에 이 원전을 가져왔는지에 대해서는 명확히 밝혀진 바가 없으나, 일설에는 609년 견당사로 갔던 오이이모코 小野妹子가 가져왔다고 전해진다. 이렇게 《반야심경》에는 긴 역사가 깃들어 있다.

1 佛說摩訶般若波羅蜜多心經　2 觀自在菩薩

3 行深般若波羅蜜多時　4 照見五蘊皆空　5 度一切苦厄　6 舍利子

7 色不異空　8 空不異色　9 色卽是空　10 空卽是色　11 受想行識

12 亦復如是　13 舍利子　14 是諸法空相　15 不生不滅　16 不垢不淨

17 不增不感　18 是故空中無色　19 無受想行識　20 無眼耳鼻舌身意

21 無色聲香味觸法　22 無眼界　23 乃至無意識界　24 無無明

25 亦無無明盡　26 乃至無老死　27 亦無老死盡　28 無苦集滅道

29 無知亦無得　30 而無所得故　31 菩提薩埵　32 依般若波羅蜜多故

33 心無罣礙　34 無罣礙故　35 無有恐怖　36 遠離一切顚倒夢想

37 究竟涅槃　38 三世諸佛　39 依般若波羅蜜多故

40 得阿耨多羅三藐三菩提　41 故知般若波羅蜜多　42 是大神呪

43 是大明呪　44 是無上呪　45 是無等等呪　46 能除一切苦

47 眞實不虛　48 故說般若波羅蜜多呪　49 卽說呪曰　50 羯諦羯諦

51 波羅羯諦　52 波羅僧羯諦　53 菩提薩婆訶　54 般若心經

위대한 무분별심의 가르침

진리를 관하는 눈이 확실한 구도자. 관세음보살이 깊고 깊은 사유로 완성한 지혜를 실천하고 있을 때, 세상의 모든 존재와 현상도, 그 육체와 정신도 모두 실체가 없는 공이라고 깨달아 일체의 고통에서 해방되었다.

사리푸트라야, 물질은 공에서 생긴다. 그리고 공은 물질의 형상을 취하지 않고는 존재할 수 없다. 즉 물질의 세계에는 실체가 없고, 실체가 없기 때문에 물질로서 나타나는 것이 가능한 것이다. 감각도 상념도 의지도 판단도 같은 것이다.

사리푸트라야, 모든 존재는 실체가 없는 공한 것이기 때문에, 태어나지도 멸하지도 않는다. 더럽지도 깨끗하지도 않다. 늘지도 줄지도 않는다. 그러므로 실체가 없는 공의 세계에서는 물질적 현상도, 감각도, 상념도, 의지도, 판단도 없다. 눈, 귀, 코, 혀, 몸, 마음도 없고, 물질의 형상, 소리, 향, 맛, 몸의 촉각, 의식의 대상조차도 없다. 시계의 세계에서 의식의 세계에 이르기까지 모두 아무것도 없는 것이다.

근본적인 번뇌인 분별, 재기, 얽매임이 없게 되면, 그 근본 번뇌가 없게 되는 것도 없다. 결국 늙음과 죽음도 없고, 늙음과 죽음이 없게 되는 것도 없다. 세계는 괴로움이라는 인식도, 괴로움의 원인이 되는 번뇌도, 그 번뇌의 소멸도, 그것을 위한 수행도 없다. 진리를 자각하는 것도, 잘 이해하는 것도 없는 것이다.

본래 깨닫고 무언가를 얻었다고 하는 것도 없기 때문에, 구도자는 지혜를 완성하여 마음의 얽매임이 없다. 얽매임이 없기 때문에 공포도 없다. 모든 분별과 재기에서 멀리 떠나 평안에 안주하고 있다. 과거 현재 미래의 모든 부처님들도 이 무심에 의해 최상의 평안을 얻었다.

그러므로 알아야 한다. 무심의 위대한 진언을, 명확한 진실을, 무상의 진언을, 비교할 바 없는 진언을. 모든 괴로움을 제거하는 진언이고, 진실이면서 거짓이 아닌 것인 것을.

즉 지혜 완성의 주문을 설하면 다음과 같이 된다.

가자, 가자, 피안으로 가자! 지금 여기가 깨달음의 한가운데이다! 깨달음이여 행복 있으라! 무심의 가르침을 마친다.

반야심경, 희망을 쏘다

14세 사고뭉치 소년의 가슴을 뻥 뚫어준 마음의 지혜

초판 1쇄 인쇄 | 2009년 8월 24일
초판 1쇄 발행 | 2009년 8월 27일

지은이 | 이노우에 기도
옮긴이 | 김종철

펴낸이 | 박효열
펴낸곳 | 대숲바람

등록번호 | 제101-90-40679

주   소 | 서울시 마포구 서교동 357-1 서교프라자 320호
전   화 | 02) 418-0308
팩   스 | 02) 418-0312
E-mail | futuregood@naver.com

값 10,000원

ISBN 978-89-954305-8-3   03220